中國學術思想

研究輯刊

三六編

林慶彰 主編

第 6 冊

周易的教育智慧（上）

李志華 著

花木蘭文化事業有限公司

國家圖書館出版品預行編目資料

周易的教育智慧（上）／李志華 著 -- 初版 -- 新北市：花木
蘭文化事業有限公司，2022〔民 111〕
序 2+ 目 4+174 面；19×26 公分
（中國學術思想研究輯刊 三六編；第 6 冊）
ISBN 978-626-344-049-4（精裝）
1.CST：易經 2.CST：注釋
030.8   111010189

ISBN-978-626-344-049-4

9 786263 440494

中國學術思想研究輯刊
三六編 第 六 冊   ISBN：978-626-344-049-4

周易的教育智慧（上）

作　　者　李志華
主　　編　林慶彰
總 編 輯　杜潔祥
副總編輯　楊嘉樂
編輯主任　許郁翎
編　　輯　張雅淋、潘玟靜、劉子瑄　美術編輯　陳逸婷
出　　版　花木蘭文化事業有限公司
發 行 人　高小娟
聯絡地址　235 新北市中和區中安街七二號十三樓
　　　　　電話：02-2923-1455／傳真：02-2923-1452
網　　址　http://www.huamulan.tw 信箱 service@huamulans.com
印　　刷　普羅文化出版廣告事業
封面設計　劉開工作室
初　　版　2022 年 9 月
定　　價　三六編 30 冊（精裝）新台幣 83,000 元

周易的教育智慧(上)

李志華 著

作者簡介

李志華，男，中學一級教師，長江大學文學院畢業，1976 年 11 月出生於湖北仙桃。現為北京中觀國學周易講師，湖北省華素杯教育科技有限公司易學顧問，湖北省周易學會會員，中華優秀傳統文化研究者、踐行者和傳播者。原《師範教育研究》雜誌封面人物。迄今為止在各級報刊、雜誌發表詩文 60 餘篇，曾受邀在多所大學講學。

提　要

　　作為第一部把周易與教育結合的專著，該書嘗試通過爻意點津和教學實例融合的形式，雙重解讀周易文本，以期拋磚引玉，管窺教育。此書以周易為明線，教育為暗線，採用「一爻一案例」的結構，真實、準確、生動，全方位、多角度地展現學校師生的日常生活，以周易視角研討教育教學現象、探索教育教學規律，讓學校的領導和師生可親、可近，可觀、可感，進而能夠反觀自我，明理踐行，知行合一。「周易即生活，生活即教育」，該書是一本以教育視角解讀周易的佳作，值得廣大易學愛好者、教育工作者以及其他各界人士學習與借鑒。

序　言

杜保瑞

　　《周易的教育智慧》一書，係湖北省周易學會李志華老師執筆之易學導讀性著作，主要由杭州師範大學王崧舟教授和臺灣花木蘭文化事業有限公司資助出版。

　　亙古至今，周易著作卷帙浩繁，汗牛充棟，但涉足教育領域者卻鳳毛麟角。李老師於二零一零年開始研易，博覽古今周易典籍。或挑燈夜戰，或問道明師，抑或躬身踐行……雖命運多舛，卻不忘初心；雖紛擾繁雜，仍明志篤行。「仰之彌高，鑽之彌堅」，「吟安一個字，拈斷數莖鬚」，作者從教育的視角管窺周易，歷十二載之工夫，終於編撰此著。這是一部淺顯易懂的解易之作，適合廣大中小學教師、青年學子以及社會各界人士品讀。

　　「他山之石，可以攻玉。」此書 64 卦，每卦單列成篇，設計至精至簡。全卦卦圖和導讀高屋建瓴，利於讀者管窺卦象和卦旨。卦辭、彖傳、大象傳、爻辭和小象傳的解讀，有注釋，有譯文，有解說，條分縷析，一目了然。而且，每一條爻辭下增加了「智慧點津」和「案例解讀」，便於讀者管窺爻意、觀照人生。「導讀」旨在引導廣大教育工作者進德修業、崇德廣業，彰顯了作者熾熱的教育情懷。

　　「仁者見之謂之仁，知者見之謂之知。」《周易的教育智慧》與筆者不久前出版的《話說周易》的不同之處在於，本書採取「卦爻辭＋智慧點津」綜合解說，便於讀者快速領略周易經文，而其「智慧點津」和「案例解讀」，則是本書的最大亮點，值得參考學習。

　　周易之河，歷時兩千年，不斷與中華文明同步發展，牽引著所有知識分子研究學習的動力，既能自我教育，又能啟迪他人。作為一名中文專業領域的知識分子，李老師教學之餘，深入傳統經典，心無旁騖，精神可嘉。

　　本人與作者素未謀面，因為「寧靜致易」微信群和線下課程的交流而認識。有感於對國內傳統文化復興的重大使命，需要各界人士全力投入，是以十分樂於閱讀該書初稿，並為之序。

上海交通大學特聘教授

杜保瑞

2018 年 10 月 12 日

前　圖

伏羲先天八卦

文王后天八卦

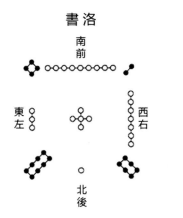

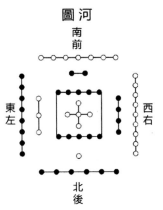

河圖洛書

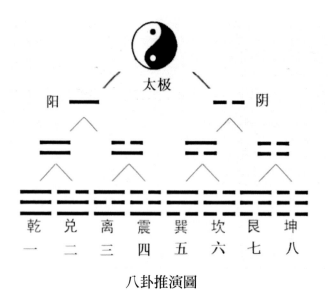

八卦推演圖

目

次

中　冊

前　言

　　《周易》被譽為「群經之首」「大道之源」，是中華文化的精髓和瑰寶，是中華民族智慧的結晶。初唐宰相虞世南說：「不讀《易》，不可為宰相。」藥聖孫思邈也曾說：「不學《易》，不足以言太醫。」南懷瑾先生則稱頌它是「經典中的經典，哲學中的哲學，智慧中的智慧……」

　　關於《周易》，有人說它是算卦之書、歷史之書、科普之書、天文學著作……筆者認為，它最初是卜筮之書，以占卜為軀殼，經至聖先師孔子作「易傳」以發揮，而賦予其哲學和人文的功用。但不管怎樣，不同階層的人學習它，都可以從中汲取智慧的養分，獲得別樣的人生體悟。「《易》與天地準，故能彌綸天地之道。」軍事家可運籌帷幄，政治家可治國理政，企業家可決策管理，教育工作者可導教導學，普通人可進德修業……一句話，它既可以修身立業，又可以趨吉避凶，還可以規劃人生……

　　時下，「文化自信」已成共識，中華優秀傳統文化全面復興之勢與日俱增，閱讀經典更是深入人心。為此，許多人對《周易》頗感興趣，欲揭開其神秘面紗。但由於其晦澀難懂，詰屈聱牙，多令人望而卻步或者半途而廢。如何學習它，歷來見仁見智，筆者結合自己的學《易》實踐，總結出「六字訣」。

　　第一，要「靜」。「潔靜精微，易之教也。」《大學》云：「知止而後有定，定而後能靜，靜而後能安，安而後能慮，慮而後能得。」萬物靜觀皆自得。靜心，是學易的前提。

　　第二，善「聯」，即善於聯想。想像是知識的翅膀。《周易》融貫多個學科，夾雜類比、聯想、邏輯等多種思維，只有善於聯想，才會獲得新知。

第三，能「體」，即體驗生活。「汝果欲學詩，工夫在詩外。」生活是《周易》的土壤，豐富的生活閱歷是學《易》的重要條件，生活有多廣闊，易學就有多廣闊。

第四，善「跳」，即不求甚解。對於不懂的字音、字詞、句意，要學阿Q，不必過於糾結，暫且跳過，畢竟「術業有專攻」。

第五，會「玩」，即「玩索而有得」。「未學易，先學筮」，「君子居則觀其象而玩其辭，動則觀其變而玩其占」，在「玩」中以術證學、以學驗術，知行合一，經世致用。

第六，能「恆」。「人有恆萬事成，人無恆萬事空。」古往今來，無數賢哲賴此走向成功，即是明證。

「詩無達詁，易無達占。」「一千個讀者，就有一千個哈姆萊特。」研讀《周易》，可以「究天人之際，通古今之變，成一家之言」，可以「修身、齊家、治國、平天下」，可以致用於日常生活，可以觀照天地人，觀照我們自己。

「天下難事必作於易，天下大事必作於細」，「為之，則難者亦易矣；不為，則易者亦難矣！」只要我們腳踏實地，持之以恆，肯下苦功夫，就一定能進入《周易》這座神聖的殿堂，領略《周易》哲學的玄妙與智慧，收穫豐盈非凡的人生。

第一部分：入門指南

1.《周易》的構成

《周易》亦稱《易經》，簡稱《易》。內容包括《易經》和《易傳》兩個部分。《經》分為《上經》和《下經》，一共六十四卦。「經」是原文，「傳」實際上是闡釋《周易》經文的專著，即《彖傳》上下、《象傳》上下、《繫辭傳》上下、《文言》、《說卦傳》、《序卦傳》、《雜卦傳》，共計七種十篇。

2.《周易》的作者及釋名

相傳伏羲「始作八卦」，周文王父子作卦爻辭，孔子作傳；關於其含義，歷來眾說紛紜，無法定論。大致「周」有周密、周遍、周朝、周而復始等含義。「易」有變動之義。合而觀之，整部《周易》就是研究天地宇宙、萬物變化的學問。

3. 爻（yáo）

爻，為效也，效天下之動者也。又代表易的變化交錯，宇宙間萬事萬物，時時都在交流，不停地發生關係，引起變化。它是組成卦的基本單位（陰陽符號），每一卦都有六爻，其中「——」稱作陽爻，「— —」稱作陰爻。所有的陽爻都稱為「九」，陰爻都稱為「六」。爻位從下而上排列成六行，依次叫作初、二、三、四、五、上。因此，各卦凡陽爻居此六位者，分別稱初九、九二、九三、九四、九五、上九。凡陰爻居此六位者，分別稱初六、六二、六三、六四、六五、上六。六十四卦卦畫共有三百八十四爻。

4. 卦

卦者，掛也，是一種掛在我們眼前的宇宙間的現象，即懸出來的物象以示人。它有單卦和重卦之分。由三個爻重疊組成的稱為單卦或經卦，由六個爻重疊組成的卦稱為重卦或復卦。八卦都是經卦或單卦。

5. 八卦

八卦即天（乾）、地（坤）、水（坎）、火（離）、雷（震）、風（巽，音同遜）、山（艮，音同互）、澤（兌）等八種自然現象，它代表的是構成天地萬物的八種元素。

6. 六十四卦

六十四卦由八卦演化重疊而成，每一卦都由六爻構成；分為卦名、卦辭、卦畫、彖辭、象辭、爻辭等幾個部分。

7. 卦畫

由六個爻象符號組成的卦的符號。

8. 卦辭

每一卦後面的一段文字，是對一卦當中六爻含義總的說明。

9. 爻辭

一卦有六爻，每一爻有一個意思，表達這個意思的文辭即爻辭。每一卦有六爻，故有六條爻辭。

10. 卦象與卦德

卦象即卦的象徵物，除了天、地、水、火、雷、風、山、澤等自然現象以外，還可以是具有相近屬性的各種事物。卦的屬性稱為卦德，即卦的象徵意義。例如：乾卦象徵天，「天行健，君子以自強不息」，這就是乾卦的卦德。

卦象和卦德表

卦　名	卦　畫	象自然	象　人	象動物	方　位	象人體	卦　德	八卦取象歌
乾	☰	天	君、父	馬	西北	首	健	乾三連
坤	☷	地	眾、母	牛	西南	腹	順	坤六斷

震	☳	雷	長男	龍	東	足	動	震仰盂
艮（gèn）	☶	山	少男	狗	東北	手	止	艮覆碗
離	☲	火、日	中女	雉	南	目	附	離中虛
坎	☵	水、雨	中男	豕	北	耳	陷	坎中滿
兌	☱	澤	少女	羊	西	口	悅	兌上缺
巽（xùn）	☴	風、木	長女	雞	東南	股	入	巽下斷

11. 爻象和爻位及爻位位階表

爻象是陰爻和陽爻象徵的事物及其性質。陽爻象徵日、天、男子、君子、剛健等；陰爻象徵月、地、女子、小人、陰柔等。六十四卦每卦有六個爻，六個爻分處六個等級，稱「爻位」。六爻的爻位是自下而上排列的，象徵事物發展的規律是從低級向高級進行的。爻位表現了一切事物自低而高、自小及大的發展變化規律，也表現了空間和時間的過去、現在和未來。

爻位位階表

六　爻	爻位及其性質：由下而上代表不同發展階段或不同的空間關係，也代表不同的身份地位，依分析的具體情況而定。			
上　爻	天位	陰位	太上皇之位	象徵發展終極	主窮極必反（上宜安）
五　爻		陽位	天子之位	象徵圓滿成功	主處盛戒盈（五多功）
四　爻	人位	陰位	公爵之位	象徵新進高層	主警懼審時（四多懼）
三　爻		陽位	諸侯之位	象徵功業小成	主慎行防凶（三多危）
二　爻	地位	陰位	大夫之位	象徵嶄露頭角	主適當進取（二多譽）
初　爻		陽位	庶民之位	象徵發端萌芽	主潛藏勿用（初利潛）

12. 解釋《周易》爻辭常用的方法
（1）中正當位說
（2）承乘比應說

中正當位			
中正	中	所謂「中」，是指六爻卦中內卦的二爻與外卦的五爻，因為在此中間，稱為「中」，又稱得中。有剛中之德，柔中之德之分。	中，象徵事物守持中道，行為不偏。凡陽爻居中位，象徵剛中之德，凡陰爻居中位，象徵柔中之德。
	正	所謂「正」，是指爻的奇數屬於陽，偶數屬於陰，在奇數的陽位，應當是陽爻，在偶數的陰位，應當是陰爻。這時稱作「正」或「得正」或「當位」，反之，則為「失正」或「不當位」。	正，象徵事物的發展遵循正道，符合規律。
爻與爻之間相互關係（同性相斥，異性相吸）	承	所謂「承」，乃承上、烘托之意，凡下爻緊承上爻謂之「承」，多指陰爻上承陽爻，象徵柔弱者順承剛強者，或賢臣輔佐明君之意。	
	乘	所謂「乘」，是乘凌、居高臨下之意。凡上爻乘凌下爻謂之「乘」，多指陰爻乘陽爻，稱「乘剛」，象徵臣下欺凌君主、小人乘凌君子，義多不吉善。	
	比	所謂「比」，是指相鄰兩爻比鄰、親近、比肩之意。	
	應	「應」是指上下卦爻對應的呼應關係（初爻和四爻，二爻和五爻，三爻和上爻）。一般來說，在相應位置上的兩爻如果是一陰一陽，即可成為陰陽正應；如果是兩陽或兩陰，即構成敵應關係。通常正應表示有幫助，為吉；失應表示沒有幫助，為凶。	

13.《周易》的思維方式

（1）天人合一的整體思維。在《周易》看來，人和自然界處在相互感應、相互對立、相互作用的統一過程中，是一個雙向交流的有機整體。六十四卦中的每一卦、每一爻，都與自然界和人類的生命息息相關。

（2）聯繫、發展、矛盾的辯證思維。宇宙間的一切事物都處在變化、發展之中，他們時刻相互聯繫，或深或淺，或明或暗，錯綜複雜。《周易》講「取象比類」，「一陰一陽之謂道」，「窮則變，變則通，通則久」等，就集中體現了這些思想。

（3）執中用權的中道思維。行「中道」是《周易》所倡導的價值標準和行為準則，其中也包含了「時」的因素，古人把這種與時偕行、知幾通變的做

事方法叫作行「時中」。按照這種思維方式去行為做事，儘量做到無過無不及，這就是「中道」思維。

14. 交互卦

即一個重卦（六爻卦）中，去掉初爻和上爻，中間四爻相連互分作上下兩卦。它是由本卦的兩個內卦組合而成的。具體的組合方法是：本卦的第二、三、四爻，拿出來作為互卦的下卦，本卦中的第三、四、五爻，拿出來作為互卦的上卦。比如地天泰，下交互卦為兌（澤），上交互卦為震（雷）——其互卦為雷澤歸妹。

15. 爻變

也叫變卦，是指某爻由陰爻變為陽爻，或者由陽爻變為陰爻。如坤卦「六三」發生爻變，則下卦變為艮卦。下交互卦變成坎卦，上交互卦變成震卦，互卦為雷水解。

16. 常用占斷用語

（1）元：開始，盛大。

（2）亨：亨通，通達。

（3）利：有利，適宜。

（4）貞：占卜，正固。

（5）吉：吉利。

（6）凶：禍殃，災患。

（7）悔：後悔，憂慮。

（8）吝：遺憾，麻煩。

（9）厲：危險。

（10）咎：過錯，災禍。

（11）孚：誠信。

第二部分：周易六十四卦經傳例解

1. 乾卦第一——勤勉為師

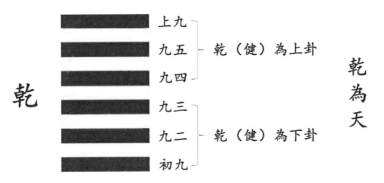

導讀：「天體之行，晝夜不息，周而復始。」作為教育工作者，要效法天道，培桃育李，自強不息，造福天下。

卦體下乾上乾。乾象徵天，喻龍。全卦六爻皆陽，呈純陽至健之象。「乾」，本義指陽氣向上升騰。卦義為強壯、剛健，代表「天」之德性。本卦闡述自強不息，勤勉為師之道。

1.1
乾：元〔1〕、亨〔2〕、利〔3〕、貞〔4〕。

【注釋】
〔1〕元：創始，盛大。
〔2〕亨：亨通，通達。
〔3〕利：有利，適宜。

〔4〕貞：正固，占卜。引申為堅守正道。

【譯文】

《乾》卦象徵天：具有創始、亨通、有利、正固四種美好的德性。

【解說】

乾坤兩卦是《周易》六十四卦的根本，乾為剛健，自強不息之意，它表示天。「乾：元，亨，利，貞」是該卦的「卦辭」，用來說明卦的性質。乾之「象」為天，乾之「意」為健，天體健行不息，周而復始，所以說「天行健，君子以自強不息」。天之陽氣是始生萬物的本原，故稱為「元」；能使萬物品類流佈成形，無不亨通，故稱為「亨」；能使物性和諧，各得其利，故稱為「利」；能使萬物正固，持久存在，故稱為「貞」。

1.2

《彖》〔1〕曰：大哉乾元〔2〕，萬物資〔3〕始，乃統天。雲行雨施，品物〔4〕流形。大明〔5〕終始，六位〔6〕時成，時乘六龍以御〔7〕天。乾道變化，各正性命，保合太和〔8〕，乃利貞。首出庶物，萬國咸寧。

【譯文】

《彖傳》說：偉大啊，開創萬物的天。萬物依賴它獲得生命，主宰世界。行雲布雨，萬物變化成形。太陽每天東升西落，乾卦六個爻位適時完成，好像六條飛龍駕馭天空。天的運行變化，在於端正萬物各自的本性和生命，而保持陰陽二氣的和諧，正固持久地成長。乾道始生萬物，使天下萬國一片安寧。

【注釋】

〔1〕彖：「彖者，材也。」材，通「裁」，有裁斷之義。裁斷一卦之義的文辭叫作彖辭。

〔2〕元：開始，最初的元氣。亦有大的意思。

〔3〕資：憑藉，依賴。

〔4〕品物：各種事物。

〔5〕大明：指太陽。

〔6〕六位：六個爻位。

〔7〕御：駕馭。

〔8〕太和：事物自身陰陽和諧。

1.3

《象》〔1〕曰：天行健〔2〕，君子以自強不息〔3〕。

【注釋】

〔1〕象，即象辭，包括大象和小象。大象一般用來解釋卦象、卦辭。小象用來解釋爻辭，都冠以「象曰」。此指大象，即描述乾卦整體卦象之象辭。據說大象是古代南越國之獸，是目前陸地上現存最大的哺乳動物，由於其形體巨大可見，故《周易》作者以之取「象」，更為直觀。《周易》是一部專設卦畫以示卦象之書。「易者，象也。象也者，像也。」「象也者，像此者也。」易象是對自然之象的效法、模擬。

〔2〕健：剛健。

〔3〕以：取法，因此。

【譯文】

《大象傳》說：天道剛健，運行不已。君子應當效法天道，自強不息。

【解說】

《大象傳》一般依據「上下經卦卦象+卦名+啟發德行」來展開，即推天道以明人事，進而宣揚孔子的政治理想和君子理念。如乾卦，上卦下卦都為乾，它的基本卦象是天，所以說「天行，健」。這裡的「健」通「乾」，不用乾名，取其「天」是乾之體，「健」是天之用，而後邊的「君子以自強不息」則屬於人事部分。教育工作者從中得到啟示，教書育人要生命不息，奮鬥不止。

1.4

初九：潛龍，勿用〔1〕。
《象》曰：「潛龍勿用」，陽在下也〔2〕。

【注釋】

〔1〕用：作為。

〔2〕陽在下：本爻「初九」是陽爻，居下卦最下位。

【譯文】

初九：像潛藏的龍，養精蓄銳，暫時還不能發揮作用。

《小象傳》說：「潛藏的龍，暫時還不能發揮作用」，是因為「初九」處在全卦的最下位。

【解說】

「初」是每一卦的第一爻，它表示爻位。從時間上來說，它表示一卦之始；從空間或者地位上來說，它代表位卑居下。「九」是陽爻（「六」是陰爻），「初九」就是乾卦的第一爻。「龍」是我國古代神通廣大的「海陸空」三棲動物，既能潛入深淵，行走陸上，又能在天空飛騰，因其具有變化莫測、「神龍見首不見尾」的特徵，故用它來象徵天的無窮變化以及有才幹有作為的君子。爻辭不是憑空產生的，它是古人觀察卦象、爻象的結果。由於宇宙間萬事萬物時刻處在變動之中，因而我們在析卦解卦時要有變化意識，要認清每個爻的陰陽屬性是會隨著環境條件的變化而變化的。也就是說，陽爻可能會變成陰爻，陰爻可能會變成陽爻。乾卦下卦為乾卦，如果「初九」發生爻變，就變成了「初六」，這樣乾卦下卦就變成了巽卦。巽為風，風具有無孔不入的特點，故有「潛龍」之象。「初九」居於五個陽爻之下，位卑力弱，所以說「潛龍」。「勿用」絕非不用，而是指暫時隱忍潛藏，積累才德，以待時機。

【智慧點津】此爻揭示在潛伏時期，應當修煉本領，以伺機而動。

【案例解讀】諸葛亮隆中隱居躬耕苦讀。建安二年（197），諸葛亮移居隆中（今河南南陽），師從水鏡先生司馬徽，一邊種田，一邊苦讀詩書。由於他自幼聰慧好學，很快就具有經天緯地之才。他胸懷大志，心繫天下，對天下形勢瞭如指掌，被稱為「臥龍先生」。建安十二年（207），他因為劉備三顧茅廬而出山，為蜀漢政權的建立作出了巨大貢獻，其忠貞和智慧萬世流芳。

1.5

九二：見龍在田〔1〕，利見大人〔2〕。

《象》曰：「見龍在田」，德施普也。

【注釋】

〔1〕見：通「現」。

〔2〕大人：指德高望重的人。

【譯文】

九二：龍出現在大地上，有利於拜見大人。

《小象傳》說：「龍出現在大地上」，說明「九二」將德澤廣施於天下。

【解說】

「九二」中的「九」表示陰陽屬性中的陽爻，「二」表示爻位中的第二爻，其餘三百八十二爻均如此。「九二」以陽爻居於陰位不當位（周易認為陰爻居於陰位，陽爻居於陽位，均為「得正」或者說「當位」，反之，就說「失正」或「不當位」，以下同），但「得中」（居下卦之中位），具備中庸的德行。若「九二」發生爻變，則變為「六二」，那麼下卦乾卦就變成了離卦，離為火，為日，為目，為電，這些都引人注目。此時他已處於地上（按照《周易》「三才」天地人之道，初爻和二爻為地位，三爻和四爻為人位，五爻和上爻為天位），故有「見龍在田」之象。「九二」純陽之氣已從地下升出地面，嶄露頭角，龍德逐漸顯露。所以，它應該參拜「九五」（「二」位和「五」位相應，這裡雖不陰陽正應，但也無礙，畢竟「五」居於上卦中正之位，且地位高於「二」）大人，以求施展自己的抱負，惠及天下。

【智慧點津】此爻揭示有作為的人要善於借力使力。

【案例解讀】白居易懷才遇顧況。白居易是我國唐朝著名的詩人和文學家，有「詩魔」和「詩王」之稱。他年輕時初次參加科舉考試，名聲並不大。有一次，他拜訪著名詩人顧況。看到「白居易」三個字，顧況幽默地說：「長安城物價正貴，恐怕白居不易！」等到批卷讀到「離離原上草，一歲一枯榮。野火燒不盡，春風吹又生」時，顧況不禁大為驚奇地說：「能寫出如此佳句，白居也易！」從此，白居易詩名大噪。由此可見，一個人只有自身肯努力，有實力，才會「利見大人」，得到貴人的幫助，此所謂「花若盛開，蝴蝶自來！」

1.6

九三：君子終日乾乾〔1〕，夕惕若〔2〕，厲无咎〔3〕。

《象》曰：「終日乾乾」，反復道也。

【注釋】

〔1〕乾乾：健行不息，努力不懈。

〔2〕惕若：警惕的樣子。

〔3〕厲：危險。咎：過錯，災禍。

【譯文】

九三：君子整天勤勉不懈，甚至夜晚也保持戒懼，即使面臨危險也沒有災禍。

《小象傳》說：「整天勤勉不懈」，是說反覆踐行正道。

【解說】

若「九三」發生爻變，就變成了「六三」，則下爻互卦（二三四爻）變為離卦。離為日，為明；又上卦為乾，下卦也為乾，乾代表剛健有力，故有「終日乾乾」之象。「九三」以陽爻居陽位，過剛易折，又處上下卦交界處（下卦之上，上卦之下），上不在天位，下不在地位，失去立足保身之所，處於危險的境遇。幸而它陽剛當位，是個剛健正直的君子，若能整天謹慎自勵，修養德行，便能化險為夷。

【智慧點津】此爻揭示君子在成長之時，勤勉戒懼可以避禍。

【案例解讀】談遷編纂《國榷》。談遷原名以訓，自稱「江左遺民」，是明末清初著名的史學家。他一生最大的成就就是寫了一部長達 500 萬字的編年體史書——《國榷》。他披肝瀝膽，花費了 26 年的時間，終於完成了此書的初稿。然而，一日小偷闖進他的家，喪心病狂地將其偷走。此時，他已年過半百，半生心血毀於一旦，這讓他捶胸頓足，幾近絕望。但是，談遷並沒有被挫折打倒，他決定以殘生從頭開始寫下去。白天，他四處尋訪，搜集史料，晚上一盞孤燈陪伴他奮筆疾書。經過五年的艱辛努力，他再次完成了此書的初稿。這

部新版《國榷》，經過不斷修訂，內容比之前的初稿更加完善，對於後世研究明史有重大參考價值。

1.7

九四：或躍在淵〔1〕，无咎。
《象》曰：「或躍在淵」，進无咎也。

【注釋】
〔1〕或：有時。淵：深水。

【譯文】
九四：龍有時升騰於天空，有時潛伏於深淵，沒有災禍。
《小象傳》說：龍有時升騰於天空，有時潛伏於深淵，相機進取就沒有災禍。

【解說】
若「九四」發生爻變，則上卦變為巽卦，巽為股（大腿），為風。風有進退未定之象，故言「或躍在淵」。「九四」不中不正，居上卦之下，下卦之上，地位未定，進退兩難，又靠近九五之尊，伴君如伴虎。故居此位，應審時度勢，方能進可取譽，退可免難，進退有據，潛躍由心。第三爻和第四爻屬於「人位」，人生於天地宇宙間，艱險重重，故《周易‧繫辭傳》裏有「三多凶，四多懼」之說，精闢地概述了六十四卦中這二個爻位的普遍特點。

【智慧點津】此爻揭示君子在試煉階段，應相機決定進退。

【案例解讀】王崧舟「飛躍」杭州師範大學。王崧舟是全國著名小學語文特級教師，從教 28 年來，開創了「詩意語文」教學流派，構建了「新成功教育」辦學模式，培養了許多省、市教壇新秀和學科帶頭人。2015 年，他受聘到杭州師範大學教育學院任教，主要負責本科生《語文課程與教學》這門課程，另外開發「卓越老師」課程，培養優秀的小學全科教師。正是憑藉這份教職工作，他展示了自己的才華和能力，拓展了發展空間，實現其人生價值的「凌空一躍」，實乃「進无咎也」。

1.8

九五：飛龍在天，利見大人。

《象》曰：「飛龍在天」，大人造〔1〕也。

【注釋】

〔1〕造：作，興起。

【譯文】

九五：龍飛騰在天空中，利於大德之人出來治世。

《小象傳》說：「龍飛騰在天空中」，意味著大德之人大有作為。

【解說】

若「九五」發生爻變，則變為「六五」，那麼上卦乾卦就變成了離卦，離為火，為日，為目，為電，和「見」的意境相似，故有「利見大人」之象。這條剛健的龍，經過多年的潛藏、顯現、警惕、跳躍，此時終於可以一飛衝天。「九五」以陽爻居於陽位，剛健既中且正，已備聖人之德位，猶如「飛龍在天」，事業如日中天，既可以大顯身手，又能夠普惠萬民。「九」是陽數（奇數一、三、五、七、九）之極點，「五」處在陽數的中間，故為「至尊中正」。古時皇帝被稱作「九五之尊」，正是依據此爻辭易理。

【智慧點津】此爻揭示君子應大展鴻圖，同時恩澤社會。

【案例解讀】錢學森回國效力科技事業。「學成必歸，報效祖國。」錢學森是我國的科學巨擘，被譽為「中國航天之父」和「中國導彈之父」……1935 年 9 月，他進入麻省理工學院航空系學習，28 歲就成為世界知名的空氣動力學家，35 歲晉升為麻省理工學院終身教授……1955 年，他放棄美國的優渥條件，克服重重困難，毅然回國效力，為我國導彈、原子彈的成功發射作出了巨大貢獻，使我國的航空航天事業「一飛衝天」。

1.9

上九：亢龍有悔〔1〕。

《象》曰：「亢龍有悔」，盈不可久也。

【注釋】

〔1〕亢：極高，過度。

【譯文】

上九：龍高飛不止，超過極限就會悔恨。

《小象傳》說：「高飛到極限的龍會有悔恨」，這是告誡人們盈滿是不可能長久保持的。

【解說】

「上」代表一卦的頂端，具有物極必反、盛極必衰的特點。「上九」是乾卦的終極之爻，「飛龍」不停地往上飛，不知節制，就會過高必折，後悔不已。「爬得越高，摔得越重」，一個人如果過分追求金錢、名譽、地位等，則結局莫不如此。

【智慧點津】此爻揭示盛極必衰，應當警惕與節制。

【案例解讀】教育專家走向腐敗墮落。據《都市時報》2020年12月10日報導：吳某從學生到助教，然後到教授、博導，一直到校長。起初，他不僅學術成果頗豐，而且辦學卓有成效，成為雲南省思想政治教育領域的知名專家。後來，他從教育系統轉到地方任職，其世界觀、人生觀、價值觀發生扭曲，迷戀山珍海味，深宅大院，繼而進行權錢交易，貪污受賄，逐漸陷入腐敗墮落的泥潭而不能自拔……「知進而不知退，知存而不知亡，知得而不知喪」，最終使他鋃鐺入獄。這正是「亢龍有悔」的有力佐證。

1.10

用九〔1〕：見群龍無首，吉。

《象》曰：「用九」，天德不可為首也。

【注釋】

〔1〕用九：是指占到乾卦，六爻都是變爻，全部變為陰爻時的斷語。

【譯文】

用九：群龍出現在天空，都不以首領自居，吉祥。

《小象傳》說:「用九」之道,是說天的美德誰也不以首領自居。

【解說】

「群龍」指六爻都是陽爻,而六爻皆變,都由陽剛變為陰柔,所以取群龍都不以首領自居之象。「用九」和「用六」是六十四卦中乾坤兩卦唯有的斷語,它既不是卦辭,也不是爻辭。「用九」,即用九之道,是占筮出現乾卦,而且六個陽爻都是「老陽」,亦即陽爻都要變成陰爻,乾卦將變為坤卦,所用的斷語。「用九」之卦,既不完全是乾卦,也不完全是坤卦,是乾卦將轉變坤卦之時,所以兼有乾坤兩卦的美德。由於乾卦是純陽之卦,六爻皆剛,群龍都具有陽剛勁健的特性。然而客觀環境和規律卻制約著每一條龍的行為,如果一味逞剛,就會走向窮途末路。所以,用「用九」告誡群龍,當以「無首」為吉,不要陽剛過頭,而應該剛柔並濟,行中道才能吉祥。

【智慧點津】此爻揭示君子應剛而能柔,通權達變。

【案例解讀】劉邦示弱鴻門宴脫險。秦朝末年,各路起義軍風起雲湧,社會動盪不安。劉邦和項羽有個約定,「先入關中者為王」。公元前 206 年 10 月,劉邦比項羽先一步到達關中,秦王子嬰向劉邦投降,秦朝滅亡。當時劉邦僅有 10 萬人馬,項羽則是號稱 40 萬大軍。面對強大的楚軍,劉邦主動向項羽俯首稱臣,後來才在鴻門宴得以脫險,並最終建立漢朝。

2. 坤卦第二——寬厚待生

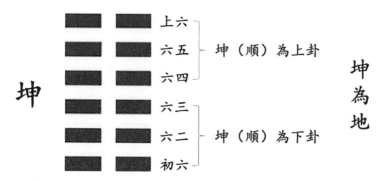

導讀:「大地,你是萬物之母。」作為教育工作者,要效法地道,仁愛學生,厚德載物,培育棟樑。

卦體下坤上坤。坤象徵地,以雌馬象徵,它順從天,承載萬物。全卦六

爻純陰，呈至柔至順之象。「坤」，古作巛，通「川」，本義指河流。卦義為柔順、寧靜。它只有依隨乾，才能把握正確方向。本卦闡釋厚德載物，寬厚待生之道。

2.1

坤：元，亨，利牝（pin）馬〔1〕之貞。君子有攸〔2〕往，先迷後得主，利。西南得朋〔3〕，東北喪朋，安貞〔4〕吉。

【注釋】

〔1〕牝馬：母馬。

〔2〕攸：所。

〔3〕朋：朋友或朋幣。古代以貝殼為貨幣，雙貝為一朋。

〔4〕貞：守正。

【譯文】

《坤》卦象徵地：元始，亨通，有利於像雌馬那樣柔順守正。君子有所往求，如果爭先居首則會迷失方向，如果隨從人後，就會找到主人，必然獲利。如向西南方走，可以獲得朋友，如向東北方走，將會失去朋友。此時安順守正是吉利的。

【解說】

坤卦和乾卦相對，純粹由六個陰爻組成，是純陰卦，其德性至為柔順，故說「元，亨」。「乾」是創始萬物的天的功能，「坤」則是順從天，形成萬物的天的工具。卦辭之所以用「牝馬」比喻坤道，乃是「牝」象徵柔順，「馬」象徵健行。也就是說，只有像柔順、健行的母馬一般，執著於正道——依順於天，資生萬物，才會有利。君子前往行事，領先則迷失，隨後才能有所得，因為「乾」是主導，「坤」是順從，它唯有追隨「乾」，才不會迷失。依《說卦傳》所述八卦的方位，陰卦居西、南兩方：兌居西，坤居西南，離居南，巽居東南；陽卦居東、北兩方：震居東，艮居東北，坎居北，乾居西北。所以，往西南方走，可以得到同屬於陰的朋友；往東北方走，就會失去同屬於陰的朋友。總之，君子為人處世要柔順而健行，守柔而居後，才合乎坤道的正理，永獲「安貞」之「吉」。

2.2

《彖》曰：至〔1〕哉坤元〔2〕，萬物資〔3〕生，乃順承天。坤厚載物，德合無疆。含弘光大，品物〔4〕咸亨。牝馬地類，行地無疆，柔順利貞。君子攸行，先迷失道，後順得常。「西南得朋」，乃與類行。「東北喪朋」，乃終有慶。安貞之吉，應〔5〕地無疆。

【注釋】

〔1〕至：極，指地生養萬物的功德至極。

〔2〕元：開始，最初的元氣。

〔3〕資：依賴。

〔4〕品物：各種事物。

〔5〕應：適應，符合。

【譯文】

《彖傳》說：美德至極啊，生育萬物的大地。萬物都依賴它而生長，它柔順地服從天道的變化。地體深厚，負載萬物，功德無窮。它蘊藏廣大，使萬物都能順利生長。雌馬是大地上的動物，善於在一望無垠的大地上奔跑，它性情柔順，有利於堅守正道。君子有所往，如果搶先行動，僭越乾道，就會迷失方向，如果順從緊隨「乾」後，就會保持常態。「向西南走會得到朋友」，是因為與同類共行。「向東北走會失去朋友」，但最後仍會獲得福慶。安然守正而獲吉，正符合大地寬厚載物的美德。

2.3

《象》曰：地勢坤〔1〕，君子以厚德載物〔2〕。

【注釋】

〔1〕坤：順。

〔2〕以：取法，因此。

【譯文】

《大象傳》說：地勢柔順，順承於天。君子應當效法大地，以寬厚的德行包容萬物。

【解說】

上下經卦都為坤，它的基本卦象是地，地的主要特點是平順和包容。《說

卦傳》說：「坤，順也。」天高地厚，地大物博，教育工作者從中得到啟示，要以寬厚的德行教育學生，面向全體，因材施教。

2.4

初六：履霜，堅冰至。

《象》曰：「履霜堅冰」，陰始凝也。馴致其道[1]，至堅冰也。

【注釋】

〔1〕馴：馴服，順從。致：推進，發展。

【譯文】

初六：當踩到秋霜，就可預知結堅冰的寒冬要到了。

《小象傳》說：「當踩到秋霜，就可預知結堅冰的寒冬要到了」，說明陰氣開始凝結了。順從這一自然規律發展下去，就會形成堅冰。

【解說】

「初」是每一卦的第一爻，從時間上來說，它表示一卦之始；從空間或者地位上來說，它代表位卑居下。「六」是陰爻（「九」是陽爻），「初六」就是坤卦的第一爻。在十二消息卦中，坤卦代表農曆十月，陰氣最盛，天氣寒冷；同時，若「初六」發生爻變，則下卦變為震卦，震為動，為足，故有「履霜」之象。此外，「初六」在坤卦的最下方，陰氣初生，其始甚微，及其積增漸盛，以至為霜，所以要及時覺察徵兆，早作預防。「初六」以陰爻居陽位，不當位，因而其處境不利，此時，它唯有謹慎小心，見微知著，才可預知堅冰將至。

【智慧點津】此爻揭示防微杜漸的道理。

【案例解讀】一枚鐵釘亡國。據《三湘都市報》2017年1月17日報導：1485年，英國國王理查三世要面臨一場重要的戰爭，這場戰爭關乎國家的生死存亡。在戰鬥開始之前，國王讓馬夫去準備自己最喜歡的戰馬。馬夫立即找到鐵匠，吩咐他馬上給馬掌釘上蹄鐵。鐵匠先釘好三個馬掌，在釘第四個時發現還缺了一顆釘子，馬掌還沒釘牢固。國王來不及在意它，就匆匆上了戰場。戰鬥中，國王率軍衝鋒陷陣。突然，他的坐騎因掉了一隻馬掌而「馬失前蹄」，

國王也被重重地摔倒在地，驚恐的戰馬脫韁而去。士兵見狀，紛紛調頭逃竄，潰不成軍。敵軍乘機反擊，俘虜了國王。國王這時才意識到那顆釘子的重要性，但為時已晚。戰後，民間傳出一首歌謠：少了一枚鐵釘，掉了一隻馬掌；掉了一隻馬掌，瘸了一匹戰馬；瘸了一匹戰馬，敗了一場戰役；敗了一場戰役，毀了一個王朝。

2.5

六二：直方大〔1〕，不習无不利〔2〕。

《象》曰：「六二」之動〔3〕，「直」以「方」也。「不習无不利」，地道光〔4〕也。

【注釋】

〔1〕直方大：正直，端方，博大。

〔2〕習：學習，練習。

〔3〕動：行動。

〔4〕光：即「廣」，廣大。

【譯文】

六二：正直、方正、遼闊是大地的特點。君子即使不去練習，也沒有什麼不利的。

《小象傳》說：「六二」這一爻指引的行動，是「正直」而且「方正」。「君子即使不去練習，也沒有什麼不利的」，因為地道是廣大無邊的。

【解說】

古人認為「天圓地方」，大地筆直地向前延伸，又遼闊無邊，故有「直方大」之象。「直方大」以大地的特點說理，集中體現了坤道純正的內核，可比擬君子應有大地一樣的德行。「六二」為本卦主爻，它以陰爻居陰位而當位，又在下卦的中位，有地之象（初、二爻為地位，三、四爻為人位，五、上爻為天位）。君子只要具備「直」「方」「大」的德行，不需要刻意學習，只需順其自然，也不會不利。

【智慧點津】此爻揭示做人應正直、方正、博大。

【案例解讀】<u>岳母刺字</u>。岳母姚氏，又稱姚太夫人，宋代抗金名將岳飛之母，古代四大賢母之一。她出身鄉野，識字不多，卻是一個極有主見、為人剛直、思想開明的母親。在南宋時期，北方的金兵大舉南下，國家處於生死存亡之際。她積極鼓勵兒子參軍抗金。臨行前，她在岳飛後背上刺上「精忠報國」四個大字，使其永以報國為志。後來，岳飛在抗金鬥爭中奮勇殺敵，屢立戰功。岳母被視為母教典範和婦女楷模，世尊賢母，實乃「直方大，不習无不利」。

2.6

六三：含章可貞〔1〕。或從王事〔2〕，無成有終。

《象》曰：「含章可貞」，以時發也。「或從王事」，知光大也〔3〕。

【注釋】

〔1〕章：即「彰」，文采。貞：正。

〔2〕王事：君王的政事。

〔3〕知：通「智」，智慧。

【譯文】

六三：蘊含美德，能堅守正道。或者效力於君王，功成不居卻有好的結局。

《小象傳》說：「蘊含美德，能堅守正道」，是說能根據時機發揮作用。「或者效力於君王」，才能使智慧發揚光大。

【解說】

坤為關閉，為文采，故言「含章」。若「六三」發生爻變，則下卦變為艮卦，艮為山，為止，故有「終」之象。「六三」以陰爻居陽位，不中不正，失位不吉，所以說「無成」。但它能含蓄才能，不露鋒芒，恪守為臣之道，輔助君王之業，能做到不居功自傲，這樣可以使自身的才智得到光大和發揮，必定善始善終。

【智慧點津】此爻揭示做人應懂得含蓄和謙虛，才華不刻意外露。

【案例解讀】張富清「含章」鑄軍魂。張富清 1924 年出生於陝西漢中洋縣，1948 年參加中國人民解放軍，同年加入中國共產黨。在解放大西北的一系列戰鬥中，他英勇善戰，捨生忘死，先後榮立一等功 3 次、二等功 1 次，被西北野戰軍記「特等功」，兩次獲得「戰鬥英雄」榮譽稱號。1955 年，他退役轉業，主動選擇到湖北省最偏遠的來鳳縣工作，為貧困山區奉獻一生。60 多年來，他塵封功績，連兒女都不知情。2018 年底，在退役軍人信息採集中，他的事蹟才被人們發現。最後，他的事蹟感動了國人，被評為「時代楷模」「共和國勳章」等。「含章可貞，或從王事，無成有終」，張富清在平凡中始終保持著軍人和共產黨員的優秀品格，令人肅然起敬。

2.7

六四：括囊〔1〕，无咎，無譽。

《象》曰：「括囊，无咎」，慎不害也。

【注釋】

〔1〕括：結紮，捆束。囊：袋子。

【譯文】

六四：紮緊口袋，沒有災禍，也沒有讚譽。

《小象傳》說：「紮緊口袋，沒有災禍」，是說謹慎才沒有禍害。

【解說】

括囊，這裡比喻謹言慎行。若「六四」發生爻變，則上卦變為震卦，震為仰盂，容器，引申為口袋；下爻互卦（二、三、四爻）變為艮卦，艮為手，為止；又坤為布，為閉戶，故有「括囊」之象。「三多危，四多懼」，說的是三爻和四爻均位於人位，處於危險是非之地。現在「六四」陰柔不中又無應，還靠近君位，「伴君如伴虎」，只有謹言慎行，才能使別人的讚譽和詆毀都無法施展，從而避免災禍。

【智慧點津】此爻揭示謹言慎行，可以防災避禍。

【案例解讀】楊脩口無遮攔惹禍上身。楊脩（175～219），字德祖，東漢末年文學家、太尉楊彪之子，曹操丞相府的主簿。他聰慧好學，才華橫溢，「是時，軍國多事，脩總知外內，事皆稱意」。但他多次口無遮攔，「恃才放曠，數犯曹操之忌」。有一次，曹操進軍定軍山，騎虎難下。吃飯時，曹操見碗中有一塊雞肋，這時正好有一個士兵來問夜間口令，曹操隨口答道：「雞肋！」楊脩知道後，就讓隨行軍士收拾行裝，準備歸程。軍士都很奇怪，紛紛問其原因。楊脩說：「雞肋食之無味，棄之可惜，這就像我們現在的處境，進退兩難。」曹操聽說後惱羞成怒，以惑亂軍心罪將其處死。

2.8

六五：黃裳〔1〕，元吉。

《象》曰：「黃裳元吉」，文在中也〔2〕。

【注釋】

〔1〕裳：下衣。古人稱上體之服為「衣」，下體之服為「裳」。

〔2〕文：文采，美德。

【譯文】

六五：黃色的裙褲，大吉大利。

《小象傳》說：「黃色的裙褲大吉大利」，是因為君子心懷美德。

【解說】

坤為地，土的顏色是黃色的；坤又為布，布可以用來做衣裳，故有「黃裳」之象。此外，黃色居五色之中，代表中，象徵著中道。「黃裳」象徵中庸謙下的美德。「文在中也」是說美麗的下衣，隱藏在上衣的下面，用來比擬內在的美德。坤卦「六五」以柔爻居尊位，又處上卦之中，它恪守臣道，既具備中順之德，又謙恭而能居下，極盡輔助之力，所以說大吉大利。

【智慧點津】此爻揭示和順謙下則大吉。

【案例解讀】長孫皇后母儀天下。長孫皇后是河南洛陽人，是唐太宗李世民的皇后，為人賢良無私，謙卑寬厚，著有《女則》《春遊曲》等。為後期間，

為后期間，她從不干涉朝政，善於匡正李世民的失誤，並保護忠正的大臣，幫助唐太宗成就了「貞觀之治」。她「孝事高祖，恭順妃嬪，盡力彌縫，以存內助」，堪譽母儀天下的「千古賢後」，正所謂「黃裳元吉，文在中也」。

2.9

上六：龍〔1〕戰於野，其血玄黃〔2〕。
《象》曰：「龍戰於野」，其道窮也。

【注釋】

〔1〕龍：本爻「上六」是陰屬，龍是陽屬，因「上六」可與陽勢均力敵，所以「上六」也可稱「龍」。

〔2〕玄黃：天之黑色，地之黃色，天地雜合的顏色。這裡象徵陰陽爭鬥造成天地混亂、乾坤莫辨。

【譯文】

上六：龍在曠野裏爭鬥，流出黑黃色的血。

《小象傳》說：龍在曠野裏爭鬥，說明坤陰極盛已經走到了窮困的絕境。

【解說】

「上六」處坤之極，陰極陽生，坤陰一反柔順從陽的本性，而與乾陽抗爭，勢必兩敗俱傷，血流遍野。所以，用兩條龍在野外戰鬥，流著黑黃色的血來象徵。坤道是臣道，當恪守柔順之道，追隨乾陽才有出路。現在它卻想以陰極之陽逞剛於外，與乾陽之勢相互爭鬥，必然窮途末路，異常兇險。

【智慧點津】此爻揭示居於臣屬地位就要盡忠職守而不可越權，這樣才可善始善終。

【案例解讀】王莽篡漢被殺。西漢末年，外戚專權。王莽以謙卑節儉和禮賢下士的假仁假義，獲得了世人的讚譽。隨著地位的攀升，他逐漸暴露出取漢而代之的野心。他利用「漢德已衰，新聖將興」之說，假託符命以新聖人自

居，終於篡漢自立。然而，由於他實行「託古改制」，激發了各種社會矛盾，最終赤眉、綠林軍相繼揭竿而起，將其殺害，王莽政權由此被推翻。西漢因王莽而遭劫，王莽因篡漢而覆滅，可謂兩敗俱傷。

2.10

用六〔1〕：利永貞。

《象》曰：「用六永貞」，以大終也。

【注釋】

〔1〕用六：是指占到坤卦，六爻都是變爻，全部變為陽爻時的斷語。

【譯文】

用六：有利於永遠守持正道。

《小象傳》說：「用六永遠守持正道」，可以使坤卦的臣道得到大的善終。

【解說】

坤卦六爻皆陰，柔順有餘，如果能濟之以陽剛，改變其過於陰柔的性質則有利。這是因為過於陰柔無法持久正固，唯有變為陽剛，才能永遠持守正固。「用六」即善於運用坤卦六爻的變化法則，運用陰柔，如順從承受天的法則，生成負載萬物，是屬於從屬地位。因而，坤卦「用六」，就必須堅定地永遠堅持純正，才能獲得有利的結果。

【智慧點津】此爻揭示位居從屬，也要堅守正道，以陽剛為歸宿。

【案例解讀】周恩來甘當配角傳佳話。據新浪網 2005 年 4 月 25 日《甘為「一號」當配角》報導：在政界，周恩來與毛澤東可稱為黃金搭檔，在中國革命歷史上留下了千古傳頌的佳話。周恩來對毛澤東的才幹深信不疑，服從他的領導，甘願做他的助手。他十分尊重毛澤東，在生活上像朋友一樣關心毛澤東。如毛澤東外出下榻的地方，他常去檢查一番，試試沙發的高低和檯燈的明暗；在歷次大會前，他總是先按毛澤東的習慣串一下臺，看看導線會不會影響毛澤東腳步，話筒多高才最適合毛澤東，等等。40 多年來，他從來都把自己看成是配角，時時刻刻注意不功高震主，也正因如此才得到了毛澤東的重用和信賴。

3. 屯（zhūn）卦第三——初為人師

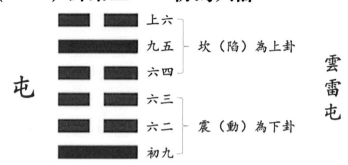

導讀：「萬事開頭難，只要肯登攀。」作為教育工作者，只有扎根教壇，不畏艱辛，才能從懵懂無知、惶恐茫然，一步步淬煉為優秀教師。

卦體下震上坎。震為雷，喻動；坎為雲（雨），喻險；有宇宙初創，雷雨交加，萬物艱險孕育之象。「屯」，原指草木初生大地，引申為阻礙、艱難。本卦主要反映始生艱難之道。

3.1

屯：元亨，利貞〔1〕。勿用有攸〔2〕往，利建侯〔3〕。

【注釋】

〔1〕貞：守正。

〔2〕攸：所。

〔3〕侯：諸侯。

【譯文】

《屯》卦象徵初生：非常亨通，有利於堅守正道。不要急於發展，有利於建國封侯。

【解說】

「天地玄黃，宇宙洪荒。」盤古開天闢地，女媧造人，人類誕生並逐漸繁衍壯大。萬物萌生，生機盎然，欣欣向榮，自然亨通無限。但艱難和生機並存、機遇和挑戰同在，因而需要堅守正道。此時，若想銳意創建功業，則不可輕舉妄動。只有禮賢下士、廣納人才，才能奠定諸侯基業，所以說「利建侯」。

3.2

《彖》曰：屯，剛柔始交而難生〔1〕。動乎險中〔2〕，大亨貞。雷雨

之動滿盈，天造草昧〔3〕，宜建侯而不寧。

【注釋】

〔1〕剛柔始交而難生：乾卦純是陽爻，代表陽剛，坤卦純是陰爻，代表陰柔。從屯卦開始，陰陽（剛柔）兩種爻象才混合成卦。上卦「坎」為險難，故言「剛柔始交而難生」。

〔2〕動乎險中：指屯卦下卦震為動，上卦坎為險，故言「動乎險中」。

〔3〕草昧：天地初開時的混沌狀態，猶如創始。

【譯文】

《彖傳》說：屯，就是乾陽之氣的剛爻和坤陰之氣的柔爻始相交合而困難隨之萌生。君子在艱險中謀求發展，只有堅守正道，才能亨通無限。雷雨交加，烏雲閃電充滿宇宙，這正是天地初創萬物、草木蒙昧之時。在這樣的情況下，國君應該封侯建國而不能安寧無事。

3.3

《象》曰：雲雷，屯。君子以經綸〔1〕。

【注釋】

〔1〕經綸：整理過的蠶絲，比喻治理國家大事。

【譯文】

《大象傳》說：烏雲翻滾、電閃雷鳴，象徵著天地初創的苦難時期。君子效法此象，在事業開始之時即規劃治國方略。

【解說】

水在天上為雲。天地雲雷閃動，積聚醞釀，尚未潤澤大地，有鬱結不通之象。教育工作者從中得到啟示，在開學之初，就應著手制定教學目標，從而在上課時更能有的放矢，左右逢源。

3.4

初九：磐桓〔1〕，利居貞，利建侯。

《象》曰：雖「磐桓」，志行正也。以貴下賤，大得民也。

【注釋】

〔1〕磐：大石。桓：樹名，大石壓住草木，阻礙生長，「磐桓」比喻前進不得。

【譯文】

初九：如同大石阻止了樹的生長那樣難於前進，有利於安居守正，有利於建國封侯。

《小象傳》說：雖然「如同大石阻止了樹的生長那樣難於前進」，但志向和行為純正。尊貴者能夠處於卑賤者之下，當然會得到百姓的擁戴。

【解說】

下卦為震，震為木；上交互卦（三、四、五爻）為艮，艮為山石，為停止，故有「磐桓，利居貞」之象。又陽爻為尊，陰爻為卑，下交互卦（二、三、四爻）為坤，坤為百姓，「初九」陽爻居於三陰百姓之下，所以又有「以貴下賤，大得民」之象。「初九」以陽爻居陽位剛強好動，但上既有二陰相阻，又有「六四」坎陷相應，故陽氣不足，需要積蓄力量。「萬事開頭難」，在事物萌芽之初，「初九」如果想要建功立業，就應禮賢下士，不輕舉妄動，才能渡過難關，有所作為。

【智慧點津】此爻揭示創業之初應目標專一，不折不撓。

【案例解讀】<u>張玉滾扎根山區育桃李</u>。張玉滾是「全國優秀教師」「全國教書育人楷模」，現任河南南陽鎮平縣高丘鎮黑虎廟小學校長。「前一秒劈柴生火，下一秒執鞭上課」，他長期扎根於該校，正如央廣網所評：「他，十幾年如一日堅守大山深處，只為改變山裏娃的命運，托起大山的希望。他，雖然收入微薄，但17年資助學生多達300多名。從教的黑虎廟小學因交通困難，學生每學期的課本都是他靠著肩上的一根窄窄的扁擔挑進大山的。而這一挑，就是5年。面對山裏學校缺師少教的現實，他不得不把自己練就成語文、數學、英語、品德、科學樣樣精通的『全能型』教師。」如今，該校校容校貌已煥然一新，獲得了人們的交口稱讚，實乃其「利居貞」的結晶。

3.5

六二：屯如邅（zhān）如〔1〕，乘馬班如〔2〕。匪寇婚媾（gòu）〔3〕，女子貞不字〔4〕，十年乃字。

《象》曰：「六二」之難，乘剛也〔5〕。「十年乃字」，反常也。

【注釋】

〔1〕邅如：進進退退的樣子。

〔2〕班如：就地迴旋貌。

〔3〕婚媾：結婚，這裡指陰陽結合。

〔4〕字：出嫁。

〔5〕乘剛：乘剛前省略了「柔」字。本爻「六二」是陰爻，是柔，居「初九」上，「初九」是陽爻，是剛，所以說「（柔）乘剛」。「（柔）乘剛」是女凌駕男的象徵，在《周易》解說中，通常會被認為不吉利。

【譯文】

六二：困頓艱難，徘徊不前，駕著馬車原地打轉，不是前來搶劫，而是迎娶新娘。女子堅守正道不嫁人，十年後才許嫁。

《小象傳》說：「六二」陰爻的艱難，是因為它處在「初九」陽爻之上。過了十年才許嫁，說明終於返歸於常道。

【解說】

上卦為坎，坎為美脊馬，為強盜。若「六二」發生爻變，則下卦變為兌卦，兌為少女。下交互卦（二、三、四爻）為坤，坤為十，故有爻辭諸象。「六二」以陰爻居陰位，力量柔弱，前有「六三」「六四」兩個陰爻阻擋，後又乘凌「初九」陽剛，險難重重。然其既中且正，與上卦的「九五」陰陽相應，終將結為夫妻，如能耐心守正待時，「九五」必會幫助其脫險。

【智慧點津】此爻揭示創業之初艱險重重，必須意志堅定，守正待時。

【案例解讀】俞敏洪艱辛創辦「新東方」。俞敏洪是「新東方」教育集團創始人，英語教學與管理專家。1991年，他從北京大學辭職，先在中關村第二小學租了一間平房當教室，再借民辦大學「東方大學」的牌子辦英語培訓班。他說：「那時，我感到特別痛苦，特別無助，四面漏風的破辦公室，沒有生源、沒有教師、沒有能力應付社會上的事情。同學都在國外，自己正在幹著一個沒有希望的事業……」然而，他始終堅信「人生的奮鬥目標不要太大，認準了一件事情，投入興趣與熱情堅持去做，你就會成功。」後來，他通過採取與朋友合夥、拆分改制、國際融資等措施，一路披荊斬棘，終於使「新東方」在

紐約證券交易所成功上市，並很快成為知名國際品牌。

3.6

六三：即鹿無虞〔1〕，惟入於林中。君子幾〔2〕，不如捨，往吝〔3〕。
《象》曰：「即鹿無虞」，以縱禽也。君子捨之，「往吝」窮也。

【注釋】

〔1〕即：接近，追逐。虞：古代管理山林的官名。

〔2〕幾：通「機」，機智。

〔3〕吝：憾惜，危險。

【譯文】

六三：追鹿沒有嚮導，進入林中。君子察微知機，認為不如放棄追逐，如果一味蠻幹，會有危險。

《小象傳》說：「追鹿沒有嚮導」，只顧林中追逐野獸。君子放棄追逐，若一意孤行，必然無功而返。

【解說】

上交互卦（三、四、五爻）為艮，艮為山林，下震為動，故有「入於林中」之象。又上卦為坎，坎為險陷，上交互卦艮為山，為停止，下交互卦（二、三、四爻）為坤，坤為順，所以又有「君子幾不如捨」之象。「六三」以陰爻居於陽位，不正也不中，又與「上六」同是陰爻，也不相應，其力弱而急於求進，好比無虞人相助而入林逐鹿，只會徒勞無功，陷入迷途。如若當機立斷，則會重尋機會，捨而後得。

【智慧點津】此爻揭示創業之初應當認清形勢，適當放棄。

【案例解讀】<u>胡適轉專業</u>。胡適是新文化運動的主將，他曾在專業選擇上經歷了一番痛苦的思考。1910年，他到美國留學，最開始是到康奈爾大學學習農業，但學得很吃力。30多種蘋果，他要花兩個半小時才能分辨出20種，遠遠不如班上的其他同學。胡適認識到，他並不適合學農學，如果自己一條路走到黑，難以取得大的成就。於是，他轉而學習文學、歷史、哲學，最終成為一代大家。

3.7

六四：乘馬班如，求婚媾（gòu），往吉，无不利。

《象》曰：「求」而「往」〔1〕，明也〔2〕。

【注釋】

〔1〕往：爻自上到下為「來」，由下到上為「往」。

〔2〕明：明智。

【譯文】

六四：駕著馬車原地打轉去求婚，前進吉祥，沒有什麼不利。

《小象傳》說：堅定不移地去追求，這是明智之舉。

【解說】

「六四」以陰爻居陰位，當位得正，上承「九五」剛正之君。但它陰柔力弱，尚不足以獨自濟難出險，故和「初九」正應，如同姻緣相合，以上求下賢能輔佐，共同歸順中正「九五」之君，那麼果斷前行，必然大吉大利。

【智慧點津】此爻揭示創業之初，應當求賢脫困。

【案例解讀】騰訊五兄弟各展所長鑄輝煌。騰訊是目前我國擁有用戶最多的互聯網企業之一，它的創立離不開馬化騰、張志東、許晨曄、陳一丹、曾李青五個人。1998年，馬化騰與他的同學張志東「合資」註冊了深圳騰訊計算機系統有限公司，隨後，他們又吸納了三位股東：曾李青、許晨曄、陳一丹。馬化騰是CEO（首席執行官），張志東是CTO（首席技術官），曾李青是COO（首席運營官），許晨曄是CIO（首席信息官），陳一丹是CAO（首席行政官）。「人心齊，泰山移。」他們各司其職，各顯神通，因此才成就了如今的騰訊。

3.8

九五：屯（tún）其膏〔1〕，小貞吉，大貞凶。

《象》曰：「屯其膏」，施未光也。

【注釋】

〔1〕屯：聚積。膏：肥肉，油脂，引申為恩澤。

【譯文】

九五：只顧自己囤積財富而不注意幫助別人，做小事堅持則吉祥，但做大事堅持則會有兇險。

《小象傳》說：「只顧自己囤積財富而不注意幫助別人」，這說明「九五」所施的恩澤尚未廣大。

【解說】

上卦為坎，坎為水，為膏澤；「初九」得眾陰之民歸順其下，故有「屯其膏」之象。「九五」以陽爻居陽位剛健中正處尊，又陷於上「坎」之中，以致步履維艱，有力難施。他雖與「六二」陰陽相應，可是「六二」陰柔，無力助其解困。在這種狀況下，「九五」只有廣施恩澤，才能凝聚人心。

【智慧點津】此爻揭示創業之初必須廣施恩澤、利益共享。

【案例解讀】四教師狀告原學校索要五千萬元技術成果轉化收益。據「法律快車」2019 年 5 月 24 日報導：徐某和三個同事在民事起訴狀中請求法院判令某大學將一項技術成果轉化的部分收益五千多萬元歸還給自己和做研究的課題組 4 人，但是學校之前並沒有給他們一分錢的獎勵，反而扣發徐某三個月的工資。「財散則民聚，財聚則民散。」筆者以為，徐某和課題組為學校創造了巨大財富，該校如果過多「屯其膏」，不給予他們應得的分紅，就會產生「大貞凶」之患。

3.9

上六：乘馬班如，泣血漣如〔1〕。

《象》曰：「泣血漣如」，何可長也？

【注釋】

〔1〕漣：不斷淚流的樣子。

【譯文】

上六：駕著馬車原地打轉，哭泣不止，血淚直流。

《小象傳》說：「哭泣不止，血淚直流」，這種狀況怎麼能長久呢？

【解說】

上坎為水，「初九」至「九五」構成大離卦，離為目，故有「泣血漣如」之象。「上六」陰柔，位於屯卦之終極，與「六三」不成正應，未能獲得應援，以致陷於孤立無援的絕境，因而憂懼交加，血淚漣漣。然而，他若困頓之極而思變通，中正慎行，終能衝破險阻。

【智慧點津】此爻揭示困極思變會絕處逢生。

【案例解讀】張旭豪：「餓了麼」的創業故事。2008 年，上海交大碩士生張旭豪某晚和室友因肚餓叫外賣而無人派送，從而讓他產生創業的念頭。他和幾個同學一拍即合，決定創辦餐飲外送行業。他們最初的啟動資金全靠幾個人東拼西湊，連學費都沒能幸免，其間也經歷了資金短缺和各種碰壁，可謂「泣血漣如」。然而，他們先從送外賣服務開始，再研發開通網絡訂餐平臺，吸收飯店加盟，繼而不斷通過網站造勢，以擴充創業本金，使業務逐步輻射到其他高校。目前，它已和「口碑」合併組成國內領先的本地生活服務平臺。

4. 蒙卦第四——蒙以養正

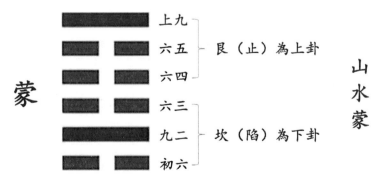

導讀：「教育不是灌輸，而是點燃火焰。」作為教育工作者，只有善於啟發學生，才能不斷讓他們啟蒙開智，日有進步。

卦體下坎上艮。艮為山,喻止。坎為水,喻險,為山下出泉,泉水漸明之象。又卦形為山下有險,停止不前,象徵幼稚蒙昧。「蒙」,本義為覆蓋,引申為蒙昧,又通「萌」,故兼喻幼稚無知。本卦闡釋如何啟蒙的道理。

4.1

蒙:亨。匪〔1〕我〔2〕求童蒙〔3〕,童蒙求我。初筮〔4〕告,再三瀆〔5〕,瀆則不告。利貞。

【注釋】

〔1〕匪:通「非」,不是。

〔2〕我:指「九二」。

〔3〕童蒙:幼稚蒙昧的人,這裡指「六五」。

〔4〕筮:占筮。

〔5〕瀆:褻瀆。

【譯文】

《蒙》卦象徵啟蒙:亨通。不是我去求蒙昧的兒童,而是蒙昧的兒童來求我。第一次卜筮求問神靈,神靈有問必答,如果一而再、再而三地沒有禮貌地亂問,則不予回答。有利於堅守正道。

【解說】

卦中二個陽爻為啟蒙之師,四個陰爻為被啟蒙者;「九二」為卦主,它與「六五」陰陽相應,具備啟蒙的力量,因而無比亨通。當萬物初生時,必然是幼稚蒙昧的,此時「建國君民,教育為先」,教育就成為當務之急。「禮,聞來學,不聞往教」,「不憤不啟,不悱不發」,作為老師應據實以告,適時教導,如此,啟蒙工作才會事半功倍,可大可久。

4.2

《彖》曰:蒙,山下有險,險而止〔1〕,蒙。「蒙亨」,以亨行時中〔2〕也。「匪我求童蒙,童蒙求我」,志應〔3〕也。「初筮告」,以剛中〔4〕也。「再三瀆,瀆則不告」,瀆蒙也。蒙以養正,聖功也。

【注釋】

〔1〕山下有險,險而止:蒙卦上卦艮為山,為止,下卦坎為水,為險,故言「山下有險,險而止」。

〔2〕時中：適時適中。

〔3〕志應：「九二」與「六五」陰陽感應。

〔4〕剛中：指「九二」既是陽爻，又居於下卦之中。

【譯文】

《彖傳》說：蒙昧，好像山下有危險，君子遇險阻而止步不前，這就是蒙卦。「蒙昧而能亨通」，是因為在亨通中行動，能夠做到及時和中正。「不是我去求蒙昧的幼童，而是蒙昧的幼童來求我」，這是因為雙方的心志相通。「第一次卜筮（喻求問請教），神靈可以告訴他結果」，是因為幼童剛直存於心中。「對同一個問題，輕慢不敬地再三卜筮，就是褻瀆神靈，神靈就不會告訴他結果」，是因為他濫問，就褻瀆了啟蒙教育的精神。啟蒙的目的是涵養純正無邪的品質，這是聖人施教的功業。

4.3

《象》曰：山下出泉，蒙。君子以果行育德〔1〕。

【注釋】

〔1〕果：果斷。

【譯文】

《大象傳》說：山下流出清泉，象徵著蒙昧漸啟。君子效法此象，要行動果敢，培養美德。

【解說】

山下湧出清泉，清澈無比，自上而下，源遠流長，正像幼童一樣天真無邪，需要不斷保持和塑造。教育工作者從中得到啟示，應當從小對學生啟蒙發智，以培養他們良好的品德，成為國家有用之才。

4.4

初六：發蒙，利用刑人〔1〕，用說桎梏（zhì gù）〔2〕，以往吝。

《象》曰：「利用刑人」，以正法也。

【注釋】

〔1〕刑：有兩解，其一是指典範，榜樣；另一解是認為通「型」，有懲罰之意，這
　　　裡取前者。

〔2〕說：同「脫」。桎梏：古代的木製刑具，在腳稱「桎」，在手稱「梏」，相當於
　　　現在的腳鐐和手銬。

【譯文】

　　初六：啟發蒙昧，利用典型的案例進行教育，可以解脫他的枷鎖，否則
長此以往就會陷入困境。

　　《小象傳》說：「利用典型的案例進行教育」，這是為了端正法紀。

【解說】

　　下卦為坎，坎為刑罰，為枷鎖；若「初六」發生爻變，則下卦變為兌卦，
兌為毀折，為脫落，故有「利用刑人，用說桎梏」之象。「初六」處蒙卦之初，
位置最下，以陰爻居陽位，不中不正，是最幼稚蒙昧的學童，需要「九二」剛
中師長的教導。蒙昧之初，有榜樣示範，可塑性強，宜嚴加管教，必要時給予
懲罰，使之回歸正途。若姑息遷就，任其自由發展，則會「以往吝」，這正如孔
子所說：「道之以政，齊之以刑，民免而無恥。道之以德，齊之以禮，有恥且格。」

【智慧點津】此爻揭示教育開始時應以典範引導。

【案例解讀】張伯苓先生以身作則戒煙。據《內蒙古教育‧綜合版》2013 年第
4 期刊載：我國著名教育家張伯苓，1919 年之後相繼創辦南開大學、南開女中、
南開小學。他十分注意對學生進行文明禮貌教育，並且身體力行，為人師表。
一次，他發現有個學生手指被煙薰黃了，便嚴肅地勸告那個學生：「煙對身體有
害，要戒掉它。」沒想到那個學生有點不服氣，俏皮地說：「那您吸煙就對身體
沒有害處嗎？」張伯苓對於學生的責難，歉意地笑了笑，立即喚工友將自己的
呂宋煙全部取來，當眾銷毀，還折斷了自己用了多年的心愛的煙袋杆，誠懇地
說：「從此以後，我與諸同學共同戒煙。」果然，從那以後，他再也不吸煙了。

4.5

九二：包蒙，吉〔1〕。納婦，吉〔2〕，子克家〔3〕。

《象》曰：「子克家」，剛柔接也。

【注釋】

〔1〕包：包容。

〔2〕納婦：娶媳婦。

〔3〕克：勝任。

【譯文】

九二：包容蒙昧，吉祥。娶媳婦，吉祥，兒子能夠持家。

《小象傳》說：「兒子能夠持家」，這是說「九二」剛爻與「六五」柔爻互相接應。

【解說】

《周易》以陽爻包陰爻為包，陰為虛、陽為實，陰為暗、陽為明，陰為婦、陽為夫，故有「包蒙」和「納婦」之象。又下交互卦（二、三、四爻）為震，震為長男，「二」為大夫之位，其采邑為家，所以又有「子克家」之象。在本卦中，「九二」和「上九」兩個陽爻為啟蒙之師，其他四個陰爻為蒙昧兒童。「九二」以剛爻居陰位而得中，是能行「剛中」之教的師長，故能包容蒙昧的受教者。由於教導的對象眾多，資質不同，不能強求一致，應當包容。「九二、六五」兩爻剛柔相應，「九二」之師教導「六五」尊者並助其為國治家，吉祥。人們求學，接受教育，被啟蒙，實際上是為了修身，修身的目的是為了齊家，齊家是為了治國，治國是為了平天下，所謂「身修而後家齊，家齊而後國治，國治而後天下平」，教育的功用由此可見一斑。

【智慧點津】此爻揭示教育應當包容，有教無類。

【案例解讀】孔子開創平民教育。「天不生仲尼，萬古如長夜。」孔子，名丘，字仲尼，春秋末期魯國人。他是我國古代著名的思想家、教育家，儒家學派創始人。他開創私學，廣收門徒，主張並實行「有教無類」，不分貧富和地區，對各類學生一視同仁，採取因材施教的態度，使得教育變成普惠大眾、開慧啟智的工具。他一生培育弟子三千，產生七十二賢人，堪譽萬世師表，深受人們的尊敬和愛戴。

4.6

六三：勿用取女〔1〕，見金夫〔2〕，不有躬〔3〕。无攸利。

《象》曰：「勿用取女」，行不順也。

【注釋】

〔1〕取：通「娶」。

〔2〕金夫：有錢的男人。

〔3〕不有躬：是指自己控制不住自己。「躬」，自己。

【譯文】

六三：不要娶這種女子，她見到有錢的男子，就會丟掉自己的人格。娶她沒有什麼好處。

《小象傳》說：「不要娶這種女子」，因為她的行為不合禮節。

【解說】

若「六三」發生爻變，則下卦變成巽卦，巽為長女；上交互卦（三、四、五爻）為坤，坤為腹，為自身，故有「取女」和「有躬」之象。「六三」以陰爻居陽位不中不正，雖然與「上九」的陽爻相應，但卻選擇緊挨的「九二」有錢人。如此見利忘義，她當然不會有好的結果。

【智慧點津】此爻揭示教育應明確目標，不可見異思遷。

【案例解讀】<u>弈秋教棋</u>。《孟子・告子上》中說：「弈秋，通國之善弈者也。使弈秋誨二人弈，其一人專心致志，惟弈秋之為聽；一人雖聽之，一心以為有鴻鵠將至，思援弓繳而射之。雖與之俱學，弗若之矣。為是其智弗若與？曰：『非然也。』」這則寓言告訴我們，學習只有端正態度、專心致志，才能學有所成，如果三心二意，必然一事無成。

4.7

六四：困蒙，吝〔1〕。

《象》曰：「困蒙之吝」，獨遠實也〔2〕。

【注釋】

〔1〕吝：遺憾。

〔2〕實：陽剛。這裡指剛明之師的「九二」和「上九」。

【譯文】

六四：受困於蒙昧，讓人遺憾。

《小象傳》說：「困於蒙昧的遺憾」，是因為他疏遠有真才實學的老師。

【解說】

上交互卦（三、四、五爻）為坤，坤為黑暗，故有「困蒙」之象。「六四」以陰爻居陰位，處於「六三」和「六五」兩個陰爻籠罩之間，環境惡劣；又與兩個陽爻相距甚遠，得不到明師教化，因而，蒙昧困頓。這就像我國處於邊遠山區的孩子，自然條件惡劣，信息閉塞，學校師資缺乏，學習環境極差，其結果當然是舉步維艱。

【智慧點津】此爻揭示環境惡劣且不從師向學的人，必然被蒙昧所困。

【案例解讀】大學生因「沉迷遊戲」被退學。據澎湃新聞，2020 年 11 月 26 日報導：近日，廣西師範大學教務處發布一則公告稱，根據《廣西師範大學學生管理規定》，經教務處和各相關學院（部）審核，擬給予黃某城等 46 名在學校規定最長學習年限內未能完成學業的全日制普通本科學生退學處理。這 46 名「超限」本科生來自商務英語、數學與應用數學、化學、運動訓練等專業。在這其中，來自職業技術師範學院學前教育（中職升本）專業的李某群 6 年期間僅修得學分 6 分，而這一專業結業學分要求 144 分，畢業學分要求 160 分。這些學生大多沉迷網遊，不參加教學活動，落得如此之下場，實乃其「困蒙，吝，獨遠實」之惡果。

4.8

六五：童蒙，吉。

《象》曰：「童蒙之吉」，順以巽（xùn）也〔1〕。

【注釋】

〔1〕順以巽：本爻「六五」是陰爻，居「上九」陽爻下，是柔順從剛、兒童服從大人的形象。

【譯文】

六五：幼童蒙昧，吉祥。

《小象傳》說：「幼童蒙昧的吉祥」，這是因為他對老師恭順而又謙遜。

【解說】

「六五」為上卦艮卦之主，艮為少男，所以說「童蒙」。若「六五」發生爻變，則上卦變為巽卦，「巽」通「遜」，有謙遜之意。「六五」居尊而柔善，又與「九二」剛中之師相正應，象徵他能像幼稚的孩童那樣謙虛求教，其智慧和學業必然日益精進。這也就是卦辭中所肯定的「童蒙求我」，當然會獲得吉祥。

【智慧點津】此爻揭示受教育者越謙虛越受益。

【案例解讀】<u>呂蒙謙虛好學有建樹</u>。三國時期，東吳能武不能文的武將呂蒙，被人戲稱為「吳下阿蒙」。有一次，孫權開導他說：「你如今身居要職，不可以不學習。」他用軍中事務繁多來推託。孫權又耐心勸道：「我不是要你去鑽研經書做學者，只不過讓你粗略地閱讀，瞭解一些歷史，增長見識罷了。」呂蒙從此開始學習，專心勤奮。沒過多久，魯肅路過其駐地，和呂蒙談論兵法，呂蒙回答得井井有條，令魯肅「刮目相待」，連忙感歎道：「老弟確非當日吳下阿蒙了。」後來，呂蒙接替魯肅成為大都督，屢建戰功。

4.9

上九：擊蒙〔1〕，不利為寇〔2〕，利禦寇〔3〕。

《象》曰：「利用禦寇」，上下順也。

【注釋】

〔1〕擊：攻擊。

〔2〕寇：強盜。

〔3〕御：抵禦。

【譯文】

上九：打擊蒙昧，不利於剛暴如同強盜，而有利於採取預防強盜的方式。

《小象傳》說：「有利於採取預防強盜的方式」，說明師生上下和順同心。

【解說】

上卦為艮，艮為手，故有「擊蒙」之象；「上九」與「六三」相應，「六三」處下卦坎體，坎為險陷，引申為強盜，所以又有「寇」之象。「上九」以剛爻居蒙極，其教育學生過於嚴厲，好像把學生當成了敵人，結果會適得其反。此爻啟迪教育者擊打學生要注意方式方法，不能體罰或變相體罰學生；同時，擊打學生的用意，在於啟發、消除其蒙昧，防止他們將來成為盜賊。教育的目的和方向是培養對國家和社會有用之才，而非危害國家、危害社會之寇，這樣施教者和受教者就會上下和順，教學相長。

【智慧點津】此爻揭示啟發蒙昧應寧嚴勿暴。

【案例解讀】宣恩縣一教師體罰學生被判刑三年。據新華社 2015 年 7 月 24 日報導：2015 年 1 月 5 日，湖北宣恩縣某中學教師梁某某在上課時，因懷疑學生董某某偷走了其他學生的飯卡，便讓其蹲在講臺旁寫檢討。由於董某某未寫偷飯卡的內容，梁某某遂用右腳踢向董某某，致其脾臟破裂。經鑑定，董某某所受損傷程度屬重傷 2 級，殘疾等級為 6 級殘疾。經宣恩縣人民檢察院提起公訴，被告人梁某某被一審法院以故意傷害罪判處有期徒刑 3 年，緩刑 4 年。目前，教育部《中小學教育懲戒規則（試行）》已經實施，廣大教育工作者只有領會文件精神，以此為戒，謹慎行使教育懲戒權，才能利己利生。

5. 需卦第五——靜待花開

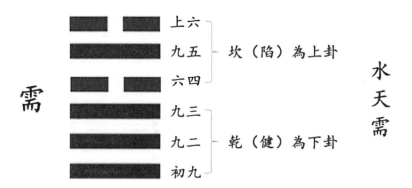

導讀：每個孩子都是一顆花的種子，只不過每個人的花期不同。有的花，一開始就會很燦爛的綻放，有的花，則需要暫時的等待。作為教育工作者，只有善於等待，才能靜待花開。

卦體下乾上坎。坎為雲，乾為天，天空浮雲積聚，即將降雨之象；又坎為險陷，乾為剛健，剛健之行者遇險須停留等待。「需」，本義為祈雨，引申為等待。本卦主要闡釋等待之道。

5.1

需：有孚〔1〕，光〔2〕亨，貞吉。利涉〔3〕大川。

【注釋】

〔1〕孚：誠信。

〔2〕光：光明。

〔3〕涉：渡河。

【譯文】

《需》卦象徵等待：心懷誠信，前程光明而亨通，只要堅守正道，就可獲得吉祥。有利於渡過艱難險阻。

【解說】

卦主「九五」以陽爻居於陽位，位尊居中，具有剛健中正之德，為有孚得正之象。他雖身處坎陷之中，但能心存誠信，德行光明，耐心等待，終能戰勝一切艱難險阻，故說「有孚，光亨」，「利涉大川」。

5.2

《彖》曰：需，須[1]也。險在前也，剛健而不陷[2]，其義不困窮矣。「需，有孚，光亨，貞吉」，位乎天位，以正中[3]也。「利涉大川」，往有功也。

【注釋】

〔1〕須：等待。

〔2〕險在前也，剛健而不陷：指上卦坎為險陷，下卦乾為剛健。

〔3〕正中：指「九五」以陽爻居於陽位，既得位又居中。

【譯文】

《彖傳》說：需，指等待。前方有艱難險阻，君子有剛健之德，不會陷入危險之中，照理說不至於走向窮途末路。「等待，心懷誠信就前途光明亨通，只要堅守正道，就可獲得吉祥」，因為「九五」處於天子的位置，其德行既中且正。「有利於渡過艱難險阻」，這是說行動會取得成功。

5.3

《象》曰：雲上於天，需。君子以飲食宴樂[1]。

【注釋】

〔1〕宴：安樂。

【譯文】

《大象傳》說：雲氣上升到天上，尚未下雨，象徵著等待。君子效法此象，因此安於飲食娛樂。

【解說】

水在天上為雲，還沒有降雨，有等待雨水滋潤之象。教育工作者從中得到啟示，要善於耐心等待，才能為學生創造一個寬鬆和諧的成長環境，實現教育的「靜待花開」。

5.4

初九：需於郊〔1〕，利用恒，无咎〔2〕。

《象》曰：「需於郊」，不犯難行也〔3〕。「利用恒，无咎」，未失常〔4〕也。

【注釋】

〔1〕需：等待。

〔2〕咎：災禍。

〔3〕犯難：冒險。

〔4〕常：常道。

【譯文】

初九：在郊外等待，有利於保持恒心，這樣就不會有災禍。

《小象傳》說：「在郊外等待」，說明「初九」並沒有冒險前進。「利於保持恒心，沒有災禍」，說明這樣沒有失去常理。

【解說】

「初九」距離上卦坎險最遠，所以說等待於「郊外」。「初九」以陽爻居陽位當位，又與「六四」柔爻相應，故有剛勇上進之勢。他動輒遇險，唯有安分守己，以恒常之心處之，才可以遠離禍患而无咎。

【智慧點津】此爻揭示等待要有恒心，不可輕易涉險。

【案例解讀】郭慶矢志堅守特殊教育。據徐州交通廣播 2021 年 3 月 11 日報導：1997 年，郭慶畢業於江蘇省如皋師範學校，同年分配到邳州市特殊教育中心工作。多年來，她獲得全國模範教師、江蘇省最美教師等眾多榮譽稱號。她說：「即使上天給這些孩子按下了靜音鍵，我也要讓他們發出最美的聲音。」二十四年來，她用愛心和汗水鋪路，每天成百上千次地帶著孩子們練習發音，最終讓數十名聲啞兒童開口說話，創造出了許多人間的奇蹟。這正是「需於郊，利用恒，无咎」的生動案例。

5.5

九二：需於沙，小有言〔1〕，終吉。

《象》曰：「需於沙」，衍在中也〔2〕。雖「小有言」，以吉終也。

【注釋】

〔1〕言：責難。

〔2〕衍：原指水向四處漫延，引申為寬舒、坦然。

【譯文】

九二：在沙灘上等待，雖略受責難，但最終吉祥。

《小象傳》說：「在沙灘上等待」，可見「九二」之心是寬舒的。雖「略受責難」，但最終吉祥。

【解說】

上卦為坎，坎為水，水近則有沙；下交互卦為兌，兌為口，故有「需於沙」和「言語」之象。「九二」比「初九」，稍接近險阻，自會聽到一些責難的話。但它以陽爻居於陰位，具備剛中之才，能夠涉險靜待不躁，最終獲得吉祥。

【智慧點津】此爻揭示等待應該坦然，不可急進，不可在乎閒言碎語。

【案例解讀】張俊成不懼「流言」自學考「北大」。他是山西省長治市人，曾是北京大學的一名保安。為了改變自己的現狀，他向別人表達了自己想要考北京大學的心願。很多人聽說這事都是把它當一個笑話來看，大家都認為他是癡心妄想，北京大學可是國內頂級學府，有的人考了多少年都考不上，何況他只是一個保安！可是張俊成沒有理會這些流言蜚語，還是去參加了成人高考。1995 年秋季，他順利考上了北京大學法律系（專科），轟動全國，成為「北大保安高考第一人」，實現了人生的華麗轉身。

5.6

九三：需於泥，致寇至〔1〕。

《象》曰：「需於泥」，災在外也。自我「致寇」，敬慎不敗也。

【注釋】

〔1〕致：招致。

【譯文】

九三：在泥濘中等待，招來了強盜。

《小象傳》說：「在泥濘中等待」，說明災禍還在身外。自己「招致強盜」，說明謹慎才能避免失敗。

【解說】

上卦為坎，坎為泥水，為隱伏，為強盜，「九三」最接近它，故有「需於泥，致寇至」之象。它以陽爻居陽位，剛猛躁進，隨時有陷入危險、招來外敵來襲的風險。此時，「九三」只有謹慎行事，才可保全自己，不致惹火燒身。

【智慧點津】 此爻揭示臨險應謹慎，妄進則惹禍。

【案例解讀】 女學生深夜遭歹徒持刀搶劫。據光明網 2021 年 4 月 14 日載：近日，株洲攸縣一男子晚上遇見一名下自習後獨行回家的女學生，持刀搶走其一部手機並欲綁其帶走未成功後逃離。結果，半小時後，他就被警方抓獲。據受害學生陳述，3 月 24 日晚上 10 點左右，晚自習結束放學後，她騎著單車手上拿著手機，在路過一個偏僻路段的時候，有一輛車先是尾隨，然後開到她前面停下來，趁她不備，一隻手搗住她的嘴巴，一隻手拿著刀威脅她不要出聲，並搶走了她的手機。因為她不停地掙扎，嫌疑人就拿著繩子將她捆綁並準備把她拉上車。關鍵時刻，附近一處教職工宿舍裏，劉亮老師忽然聽到外面有人大喊「救命」，趕緊出門查看。他意識到女生身處險境，大吼一聲：「你幹什麼！」持刀男子聞聲，立即駕車驚慌而逃。為此，辦案民警提醒，市民夜間出門一定要加強個人防範，與陌生人或障礙物保持必要的距離，儘量不要單獨去陰暗偏僻的小路段。如果遇到意外，應大聲呼喊並及時打電話報警。如此「需於泥，致寇至」，就會「敬慎不敗」。

5.7

六四：需於血〔1〕，出自穴。

《象》曰：「需於血」，順以聽也。

【注釋】

〔1〕血：血泊。

【譯文】

六四：在血泊中等待，又從洞穴中逃脫。

《小象傳》說：「在血泊中等待」，是說「六三」能夠順應形勢，聽從變化。

【解說】

「坎」為水，為耳，為陷，故有「血」「穴」和「聽」之象。「六四」處於坎險之下，所以有待於血泊之象。但它以陰爻居於陰位，柔弱得正，不會輕舉妄動，又向上依附「九五」尊位，不久就會走出泥潭，「出自穴」。

【智慧點津】此爻揭示陷入危險，只有審時度勢，才能化險為夷。

【案例解讀】諸葛亮巧用「空城計」。三國時期，魏國派司馬懿掛帥進攻蜀漢的街亭，諸葛亮派馬謖駐守，但馬謖卻失掉街亭。司馬懿率兵乘勝直逼西城，諸葛亮無兵迎敵，但他沉著鎮定，大開城門，自己在城樓上彈琴唱曲。司馬懿懷疑設有埋伏，引兵退去。等得知西城是空城時，欲回去再戰，但此時趙雲已趕回解圍，最終大勝司馬懿。這就是「順以聽」的顯例。

5.8

九五：需於酒食，貞吉〔1〕。

《象》曰：「酒食貞吉」，以中正也。

【注釋】

〔1〕貞：正。

【譯文】

九五：在美酒佳餚中等待，堅守正道可獲吉祥。

《小象傳》說：「在美酒佳餚中等待，堅守正道可獲吉祥」，因為「九五」秉持中正的原則。

【解說】

上坎為水，故有「酒食」之象。「九五」是需卦主爻處於坎陷正中，難以

自拔，但其陽剛中正，又高居君位，故能處變不驚，履險如夷，樂以待之。「飲食以養其氣體，宴樂以和其心志」，君子「需於酒食」，並不是貪圖享樂，醉生夢死，而是在困境中怡然自樂，以待時變。

【智慧點津】此爻揭示等待需要安貧樂道，恪守中正。

【案例解讀】張立勇從打工仔到「清華英語神廚」。張立勇因家貧高二輟學即開始了打工生涯，隨後到清華大學食堂當廚師。但他心中有夢，利用給學生賣飯之前每天省出的 8 分鐘，4 年半時間，堅持背完了清華大學本科英語教材裏所有的重點課文和單詞，並輕鬆以高分通過了大學英語四六級考試。2001 年，他報考託福考試，總分 677 分，他取得了 630 分的成績。「博觀而約取，厚積而薄發」，他的這種勤勉精神正闡發了「需於酒食，貞吉」的精蘊。

5.9

上六：入於穴〔1〕，有不速之客三人來〔2〕，敬之，終吉。

《象》曰：「不速之客來，敬之終吉。」雖不當位〔3〕，未大失也。

【注釋】

〔1〕穴：古人穴居，穴代表居所。

〔2〕速：召，請。

〔3〕不當位：是指「上六」居「上」，高而無位，且柔乘剛。

【譯文】

上六：進入洞穴中，有三個不請自來的客人到了，只要恭敬相待，最終可獲吉祥。

《小象傳》說：「有三個不請自來的客人到了，只要恭敬相待，最終可獲吉祥。」「上六」所處位置雖然不當，但沒有遭受重大損失。

【解說】

坎為穴。若「上六」發生爻變，則上卦變為巽卦，巽為順入。下卦為乾，乾為三個陽爻，代表三個人或三個君子，故有「入於穴」「三人來」「敬之」之

象。「上六」身居險極，與下卦的「九三」相應，「九三」連同下面的二個陽爻，勇往直前涉險，一擁而來，如「不速之客三人來」。「上六」以陰爻居於陰位，懷有柔順之德，對他們只有以誠意恭敬相待，才能化險為夷。

【智慧點津】此爻揭示遇險待援，貴在誠敬，以柔制剛。

【案例解讀】<u>放學回家遭遇歹徒劫持 13 歲女孩巧妙周旋最終脫險</u>。據手機浙江網 2013 年 5 月 17 日載：2012 年 12 月 14 日，黃巖區 13 歲的女孩小晶（化名）放學後獨自回家，當她走到自己家門口，用鑰匙打開房門時，忽然發現某個男子緊隨其後，很快就被他用匕首控制在房間裏。當得知對方要劫色後，她深知此時大聲呼救和強行反抗不僅沒有用，而且可能會激怒歹徒，就表面裝出害怕和順從的樣子，和歹徒展開了周旋。她先對歹徒曉之以理，讓歹徒遲疑和猶豫；再提出用 500 元讓其離開，令歹徒改變主意。最後，歹徒同意了，他接過錢後威脅小晶不許報警，然後開門就走了。小晶立即將門鎖緊，如釋重負。隨後，她報了警，經過警方近半年的縝密偵察，歹徒終於落網。

6. 訟卦第六——校園糾紛

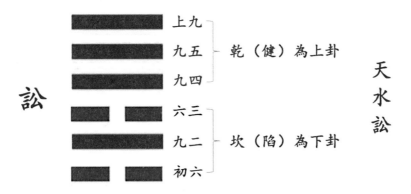

導讀：「忍一時風平浪靜，退一步海闊天空。」作為教育工作者，只有公平、公正地處理師生矛盾，妥善解決家校糾紛，才能營造和諧平安的校園環境。

　　卦體下坎上乾。乾為天，坎為水，天體（如日月）自東向西轉，水由西向東流，兩者有背道而馳之象。又乾為剛健，坎為險陷，就像一個人內心險惡而外在蠻橫，必然會引起爭訟。「訟」，爭也，從言從公，本義是指在法律的公正中辯訴。本卦主要闡釋息爭止訟之道。

6.1

　　訟：有孚〔1〕，窒惕〔2〕，中吉，終凶。利見大人〔3〕，不利涉大川。

【注釋】

　　〔1〕孚：誠信。

　　〔2〕窒：遏制。惕：警惕。

　　〔3〕大人：德高望重的調停者。

【譯文】

　　《訟》卦象徵打官司：要內心誠實，克制過於警惕，中途停止吉祥；堅持把官司打到底則有兇險。有利於拜見德高望重的調停者，不利於渡過艱難險阻。

【解說】

　　爭訟之時人心背離，各執己見，此時雙方若能適可而止，則「中吉」；否則逞強到底，容易兩敗俱傷，而且留下「一代官司九代仇」的遺患，故說「終凶」「不利涉大川」。爭訟貴在謀劃於始，息事寧人，只有做出公正的裁決，才能息訟止訟。

6.2

　　《彖》曰：訟，上剛下險，險而健〔1〕，訟。「訟，有孚，窒惕，中吉」，剛來而得中〔2〕也。「終凶」，訟不可成也。「利見大人」，尚中正也。「不利涉大川」，入於淵也。

【注釋】

　　〔1〕上剛下險，險而健：指上卦乾為剛健，下卦坎為險陷。

　　〔2〕剛來而得中：指「九二」下來而居於下卦之中位。

【譯文】

　　《彖傳》說：訟卦，上卦為「乾」剛，下卦為「坎」險；好比人內心陰險，而外在剛健，就會引起爭訟。「爭訟，要內心誠實，克制過於警惕，中途停止吉祥」，這是因為「九二」之爻來到下卦險中而能堅守中道。「爭訟最終有兇險」，是因為訴訟終究成不了什麼大事。「有利於拜見德高望重的調停者」，是因為裁決訴訟需要崇尚中正。「不利於渡過艱難險阻」，是因為逞強將會陷入下「坎」深淵。

6.3

《象》曰：天與水違行，訟。君子以作事謀始〔1〕。

【注釋】

〔1〕謀始：謀劃於初。

【譯文】

《大象傳》說：天和水反向運動，象徵著爭訟。君子效法此象，在做事之初就周密謀劃。

【解說】

天在上，自東向西運行，水在下，自西向東流動，兩者背道而馳，有爭訟之象。教育工作者從中得到啟示，於是在做事之初就提前周密謀劃，以避免日後出現爭端。

6.4

初六：不永所事，小有言〔1〕，終吉。

《象》曰：「不永所事」，訟不可長也。雖「小有言」，其辯明也。

【注釋】

〔1〕言：爭論。

【譯文】

初六：不長久纏訟，雖然稍稍有言語摩擦，但最終可獲吉祥。

《小象傳》說：「不長久纏訟」，說明訴訟之事不可長久持續。雖然「稍稍有言語摩擦」，但其中是非曲直可以解釋清楚。

【解說】

若「初六」發生爻變，則下卦變為兌卦，兌為口，故有「小有言」之象。「初六」以陰爻居陽位而不正，以柔弱之質居卑下之位，與「九四」剛強居上位者敵應而爭訟，根本不是對手，何況中間又有「九二」阻礙。所以，在爭訟之初，「初六」能度德量力，以柔克剛，略加解釋，雖然因為言語上的爭辯而

有輕微的災患，但終能息爭止訟，獲得吉祥。子曰：「聽訟，吾猶人也。必也使無訟乎。」說的就是這個道理。

【智慧點津】此爻揭示爭訟應盡早解釋以求得化解。

【案例解讀】「六尺巷」的故事。清康熙年間，張英擔任文華殿大學士兼禮部尚書。他老家與鄰里吳姓之間因宅基產生土地糾紛。張家人寫信給張英，要求他出面解決。張英看了信，認為應該謙讓鄰里，在回信中寫道：千里來書只為牆，讓他三尺又何妨？萬里長城今猶在，不見當年秦始皇。家人閱罷，明白其中含義，主動讓出三尺空地。吳家見狀，深受感動，也主動讓出三尺房基地，「六尺巷」由此得名，並成為一段歷史佳話。

6.5

九二：不克訟，歸而逋（bū）〔1〕，其邑人三百戶，无眚（shěng）〔2〕。

《象》曰：「不克訟」，歸逋竄也。自下訟上，患至掇（duō）〔3〕也。

【注釋】

〔1〕逋：逃亡。

〔2〕邑：城鎮。眚：眼睛生翳，引申為災禍。

〔3〕掇：拾取。

【譯文】

九二：訴訟失敗，就回家後立即逃跑，他鎮上的三百戶人家，因此沒有禍患。

《小象傳》說：「訴訟失敗」，就回家後立即逃跑。下級與上級相爭，招來禍患會像俯身拾物一樣容易。

【解說】

下卦為坎，坎為險陷，為隱伏，故有「逋」和「眚」之象。若「九二」發生爻變，則下卦變為坤，坤為大眾，為國土，為閉戶，故又有「邑人三百戶」之象。「九二」是下體坎卦的主爻，本性陽剛，爭強好勝，急欲和高居君位的「九五」相爭，是以下訟上的根源所在。然而，「九五」位高權重，它自己又

身陷在下卦坎險之中，地位和形勢都極為不利，所以，它最終必然敗訟。不過「九二」居於下卦之中，能夠及時抽身撤退，逃跑到管轄三百戶不顯眼的小城中，就不會有災禍。

【智慧點津】此爻揭示身處於弱勢地位，不可逞強爭訟，應及時中止以避禍。

【案例解讀】某高校教師中止與學校打官司。據網載，武漢某高校教師張某欲跳槽到另一所學校任教。由於服務期未到，與校方交涉，遭到嚴詞拒絕。考慮到自身剛成家立業，打官司會耗費大量時間、精力和費用，同時還要承擔敗訴的風險，思前想後，最終放棄訴訟而安心從教，一家人倒也衣食無憂、平安無事。

6.6

六三：食舊德〔1〕，貞厲〔2〕，終吉。或從王事，無成。
《象》曰：「食舊德」，從上吉也。

【注釋】

〔1〕食：相當於食邑的食。古代做官的人，以采邑的稅收生活，而且世襲。舊德：
　　指先祖的俸祿。「食舊德」是說前往因先祖遺德所得到的領地去就食。

〔2〕厲：危險。

【譯文】

　　六三：安享舊有的俸祿，堅守正道以防危險，最終吉祥。或者輔助君王從政，不以成功自居。

　　《小象傳》說：「安享舊有的俸祿」，因為「六三」順從居上位者而獲吉。

【解說】

　　「六三」為三「公」之位（周代爵位有公、侯、伯、子、男五等）。「六三」以陰爻居陽位而不正，又處於「九二」「九四」兩剛爻之間，為危險是非之地，進退兩難，此時應順上息訟。即使是從事君王委派的任務，也能謹守固有俸祿，盡忠職守，與人不爭，有功不居。「六三」質本陰柔，居乾剛之下，只有避讓、順從「上九」，處柔守弱，災禍才會自己消除，故說「從上吉」。

【智慧點津】此爻揭示不可逞強爭勝，應安分守己，避訟以自保。

【案例解讀】<u>馮異事王不爭功</u>。劉秀稱帝之前，穎川的馮異就忠心追隨他，為他四處征戰。每次大戰之後，劉秀都要為他們論功行賞。這時，各位將軍總是爭說自己的功勞，吵得面紅耳赤，而馮異卻常常一個人躲在樹下休息，任憑光武帝評定。這樣，大家都給他取了個雅號叫「大樹將軍」。光武帝因此很賞識和器重他，稱帝後，賜封他為征西大將軍、陽夏侯。

6.7

九四：不克訟，復即命〔1〕，渝〔2〕，安貞，吉。

《象》曰：「復即命，渝，安貞」，不失也。

【注釋】

〔1〕即：就。命：天命，即正理。

〔2〕渝：改變。

【譯文】

九四：訴訟失敗，迴心轉意而歸向正理，改變初衷而安守正道，吉祥。

《小象傳》說：「迴心轉意而歸向正理，改變初衷而安守正道」，必無損失。

【解說】

若「九四」發生爻變，則上卦變為巽卦，巽為風，為天命。上交互卦為艮，艮為山，為堅守。下交互卦為震，震為雷，為動，故有「復即命，渝，安貞」之象。「九四」以陽爻居陰位，不中不正，與「初六」敵應，有以強凌弱、以上壓下之勢。但「初六」陰柔勢弱，不想與之相爭。因此「九四」雖然剛強好勝，但終究不能成訟，所以其迴心轉意歸於正道，就不會有過失，終獲吉祥。

【智慧點津】此爻揭示爭訟無理，只要回頭改正，就能心安理得。

【案例解讀】<u>「負荊請罪」</u>的故事。戰國時期，藺相如因完璧歸趙被封為趙國上卿，地位在大將廉頗之上。廉頗很不服氣，私下對自己的門客說：「我出生

入死，立了許多戰功，而藺相如只憑三寸不亂之舌，就官居我之上。假如讓我遇見，我一定要當面羞辱他。」藺相如聽說以後處處忍讓，故意裝病在家不上朝，以免與廉頗引起爭執。有一天，藺相如帶著門客坐車出門，老遠就看見廉頗的車馬迎面而來，他連忙叫趕車的退到小巷裏躲一躲，讓廉頗的車馬先過去。藺相如的手下不服氣，說藺相如不該這樣膽小怕事。藺相如微笑著對他們說：「強大的秦國不敢來侵犯趙國，就因為有我和廉將軍兩人在。要是我們二人不和，秦國知道了，就會趁機來侵犯趙國。」這些話傳到廉頗的耳朵裏，廉頗感到十分慚愧。於是，他連忙脫了上衣，背著荊條到藺相如府上謝罪。從此，兩人成為知心朋友，共同保衛趙國。

6.8

　　九五：訟，元吉〔1〕。

　　《象》曰：「訟，元吉」，以中正也〔2〕。

【注釋】

〔1〕元：大。

〔2〕以：因為。

【譯文】

　　九五：能夠裁決訴訟，大吉大利。

　　《小象傳》說：「能夠裁決訴訟而大吉大利」，因為「九五」能以中正之道秉公執法。

【解說】

　　「九五」即卦辭中的「大人」。它以陽爻居陽位處於上卦之中，既中且正，又兼居尊位，象徵法官公平、公正、合理的裁判訴訟，因而吉祥。

【智慧點津】此爻揭示裁判訴訟，應以中正為本。

【案例解讀】老師就是學生眼裏的法官。據「請轉身微笑」2019 年 5 月 25 日在簡書《老師就是學生眼裏的法官》一文所述：某次課間，班上學習委員小嫻告狀說，班裏小磊交作業時無緣無故打她。經調查，是小嫻先叫他的外號，

但是小嫻對此拒不承認。後來，找小磊的同桌小楊對質時，他確認了小磊的說法。於是，我便批評小嫻說：「身為班幹部，不能亂喊別人的外號，更不能說謊。」小嫻聽了我的話，使勁地點了點頭。接著，我又對小磊說：「儘管小嫻喊你的外號，你也不應該動手打人，君子動口不動手。」小磊說：「我知道了，我以後再不打她了。」眼見，他們都能認識到自己的錯誤，於是我讓他們全部返回了教室。

6.9

上九：或錫之鞶（pán）帶〔1〕，終朝三褫（chǐ）之〔2〕。
《象》曰：「以訟受服」，亦不足敬也。

【注釋】

〔1〕錫：同「賜」。鞶帶：古時依身份頒賜的佩玉皮帶。〔2〕褫：剝奪。

【譯文】

上九：或者得到賞賜的佩玉皮帶，但在一天之內，又多次地被剝奪。

《小象傳》說：「由於爭訟而得到賞賜的佩玉皮帶」，也是不值得尊敬的。

【解說】

乾為衣，為圓，故有「鞶帶」之象。若「上九」發生爻變，則上卦變為兌卦，兌為毀折，為脫落，所以又有「褫」之象。「上九」以剛居訟極，具爭強好勝之本性，與下卦「六三」相對；「六三」忍讓而不爭不訟，所以他一時贏得訴訟。「鞶帶終朝三褫之」，說明這種通過爭訟而獲得的高官厚祿，不僅不光彩，而且飽受輿論譴責，非常兇險。「上九」好訟成性，若不知悔改，終會身敗名裂。

【智慧點津】此爻揭示逞強爭訟到底，雖勝亦凶，有得必失。

【案例解讀】5 名教師被取消高級職稱。據江蘇省人社廳官網 2021 年 7 月 9 日載：當日，該廳發布了一篇名為《省人力資源社會保障廳，關於 9 起高級職稱評審弄虛作假典型案例的通報》，其中竟然有 5 人是教師，而這 5 人當中

有 4 人是校長。他們主要是存在提供虛假課時量證明材料、偽造教學業績、偽造任課經歷、偽造教學經歷等問題。最終他們均被取消了高級職稱，而且 3 年內不允許再次申報高級職稱。教師職稱評定關乎著所有教師的切身利益，只有公平公正公開，才能讓所有參評教師心服口服。反之，通過不正當手段獲得，只會落得「以訟受服，亦不足敬也」的結局。

7. 師卦第七──明師點兵

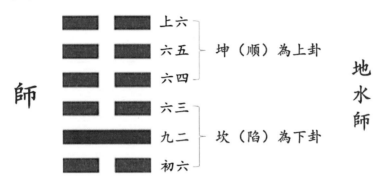

導讀：「學校沒有紀律便如磨坊裏沒有水。」作為教育工作者，只有抓好課堂組織教學，善於調兵遣將，教育教學才能無往而不勝。

卦體下坎上坤。坤為地、為順，坎為水、為險，呈地中有水，廣大容眾之象。本卦呈現一陽五陰之格局，「九二」唯一陽爻居下卦之中，似將領，上下五陰爻順而從之，似兵眾；又「九二」在下指揮千軍萬馬，「六五」以柔居上而任用之，有君主命將出師之象。「師」，本義為二千五百人，有眾多之義，引申為民眾和軍隊。本卦闡釋統帥用兵之道。

7.1

　　師：貞〔1〕，丈人〔2〕吉，无咎。

【注釋】

　　〔1〕貞：守正。

　　〔2〕丈人：指德高望重的統帥。

【譯文】

　　《師》卦象徵軍隊：堅守正道，德高望重的統帥帶兵吉祥，沒有災禍。

【解說】

「兵者，國之大事，死生之地，存亡之道，不可不察也。」行軍打仗一要師出有名，為正義而戰；二要精選良將，用人得當。只有這樣，討伐敵人才會攻無不克，戰無不勝，吉祥而沒有災禍。

7.2

《彖》曰：師，眾也。「貞」，正也。能以〔1〕眾正，可以王矣。剛中而應〔2〕，行險而順〔3〕，以此毒〔4〕天下，而民從之，「吉」又何「咎」矣。

【注釋】

〔1〕以：讓。

〔2〕剛中而應：指下卦中位「九二」陽爻和上卦「六五」相應。

〔3〕行險而順：師卦下坎為險，上坤為順，故言「行險而順」。

〔4〕毒：治理。

【譯文】

《彖傳》說：師，就是兵多。「貞」，就是堅守正道。能夠以正道率領眾多的士兵，就可以稱王於天下了。「九二」統帥剛直居於下卦中位，其餘五個陰爻和他相互應和，雖進行危險的戰爭仍能一帆風順，據此治理天下，百姓就會擁護追隨，當然會「吉祥」，又怎麼會有「災禍」呢？

7.3

《象》曰：地中有水，師。君子以容民畜眾〔1〕。

【注釋】

〔1〕容：包容。畜：蓄聚。

【譯文】

《大象傳》說：地中蘊蓄著水源，象徵著兵源充足。君子效法此象，包容和蓄養百姓。

【解說】

大地中蘊蓄著水，就好像百姓中包含著士兵，有聚眾、會師之象。古時候，寓兵於農，士兵平時耕作，戰時才出征，「水不外於地，兵不外於民」。教

育工作者從中得到啟示，國家應全面開展掃除文盲運動，全面普及九年義務教育，大力發展高等教育和職業教育。

7.4

初六：師出以律〔1〕，否臧凶〔2〕。
《象》曰：「師出以律」，失律凶也。

【注釋】

〔1〕師：軍隊。律：紀律。

〔2〕否臧：不善。

【譯文】

初六：軍隊出發作戰必須有嚴明的紀律，軍律不良必有兇險。

《小象傳》說：「軍隊出發作戰必須有嚴明的紀律」，否則就會帶來兇險。

【解說】

下卦為坎，坎為水，引申為水平、標準、整齊，故有「師出以律」之象。「初六」處師卦之始，陰柔居下，象徵弱才為將，很難率軍打仗。軍隊出發作戰之始，主帥必須以嚴格的軍紀，號令部下一切行動聽從指揮，攻守才能進退自如。否則，軍士一團散沙，無異於烏合之眾，難以取勝。即使暫時打了勝仗，最終也必然導致兇險。

【智慧點津】此爻揭示嚴明軍紀的重要性。

【案例解讀】衡水中學的規章制度。衡水中學是全國著名中學，一直以高升學率被稱為「高考工廠」。筆者以為，其作為應試教育的典型，「軍事化管理」固然有許多負面的標籤和讓人備受爭議的地方。但是它的精細化管理模式，仍有許多我們可以學習和借鑒之處。如教師每週一研，班會要求每週一次，並且邀請學生家長參與，每年春季舉行 80 華里的遠足活動……「沒有規矩，不成方圓」，試想一下，該校如果沒有日常管理的這一系列制度，怎麼會成就今日的輝煌？

7.5

九二：在師中，吉，无咎。王三錫命〔1〕。

《象》曰：「在師中吉」，承天寵也〔2〕。「王三錫命」，懷萬邦也〔3〕。

【注釋】

〔1〕錫命：即「賜命」，頒命嘉獎。

〔2〕承：接受。

〔3〕懷：收服，安撫。

【譯文】

九二：主帥身在軍中指揮，吉利，沒有災禍。君王多次頒發命令並給予嘉獎。

《小象傳》說：「主帥身在軍中指揮，吉利」，因為得到天子的恩寵。「君王多次頒發命令並給予嘉獎」，說明君王懷有安撫天下的宏大志向。

【解說】

古代軍隊分為左中右三軍，主帥在中軍大帳坐鎮指揮，即「在師中」。「九二」在下卦的中位，是本卦唯一的陽爻和主爻，得到眾陰簇擁，象徵帶兵的統帥。它還與至尊的「六五」陰陽相應，象徵能夠得到君王的嘉獎和提拔，這樣當然吉祥，沒有過錯。

【智慧點津】此爻揭示統帥德才兼備的重要性。

【案例解讀】<u>岳飛雄才大略屢建戰功</u>。岳飛是南宋抗金名將，傑出的軍事家。其治軍賞罰分明，紀律嚴格，以身作則，率領的「岳家軍」號稱「凍死不拆屋，餓死不打擄」，令金軍膽寒，享有「撼山易，撼岳家軍難」的美譽。他創立「連結河朔」戰略，主張黃河以北的民間抗金義軍和宋軍互相配合，以收復失地。由於其治軍有方，多次取得抗金的勝利，因此受到朝廷嘉獎。

7.6

六三：師或輿尸〔1〕，凶。

《象》曰：「師或輿尸」，大無功也。

【注釋】

〔1〕輿：車，車廂。這裡用作動詞，意為車載。

【譯文】

六三：軍隊出征，有時載屍而歸，這是兇險之兆。

《小象傳》說：「軍隊出征，有時載屍而歸」，說明出師完全失敗。

【解說】

「六三」與「六四」「六五」組成坤掛，坤為大輿，即為大車；又坤為陰暗，引申為死亡，故有「輿尸」之象。「六三」以陰爻居陽位不中不正，象徵缺乏統御才能，卻又剛愎自用。他處於下卦坎險之中，還和「上六」敵應，輕率用兵，必然大敗，兇險至極。

【智慧點津】此爻揭示統帥無能會損兵折將。

【案例解讀】<u>趙括「紙上談兵」禍國亡身</u>。戰國時期，趙國大將趙奢之子趙括，從小熟讀兵書，志大才疏，自以為天下無敵。後來秦軍攻打趙國，他接替廉頗為趙將，在長平之戰中，他只知道根據兵書佈陣，不知道變通，廢除了廉頗的防禦部署及軍規，中了白起的埋伏，結果四十多萬趙軍全軍覆滅，他自己也被秦軍箭射而亡。

7.7

六四：師左次〔1〕，无咎。

《象》曰：「左次无咎」，未失常也。

【注釋】

〔1〕左次：撤退駐紮。古代行軍以「左」為退，「次」為駐紮兩天以上。

【譯文】

六四：軍隊暫時撤退駐紮，沒有災禍。

《小象傳》說：「軍隊暫時撤退駐紮，沒有災禍」，說明「六四」並沒有違背用兵常道。

【解說】

「六四」以陰爻居於陰位，柔弱無力，又和「初六」無應無援，在力不足以克敵的情況下，他見機選擇暫時退守，以保存實力，這並不違背用兵常規，當然沒有過錯。「兵無常勢，水無常形」，勝敗乃兵家常事，所以爻辭說「未失常也」。

【智慧點津】此爻揭示統軍應該根據戰況退守，不可輕敵冒進。

【案例解讀】司馬懿五丈原退守不出。三國時期，諸葛亮駐紮五丈原，和司馬懿對峙。為逼迫魏軍出戰，諸葛亮多次挑釁魏軍，甚至故意送女人使用的衣物來羞辱司馬懿。司馬懿深知蜀漢軍隊驍勇善戰，欲速戰速決，但其後勤糧草跟不上，而自己後備供應充足。為避其鋒芒，他始終命令士兵堅守不出。最後，魏軍逼迫蜀漢軍隊撤退，從而大獲全勝。

7.8

六五：田有禽〔1〕，利執言〔2〕，无咎。長子帥師，弟子輿尸〔3〕，貞凶。

《象》曰：「長子帥師」，以中行也〔4〕。「弟子輿尸」，使不當也。

【注釋】

〔1〕田：通「畋」，打獵。禽：鳥獸總名。

〔2〕執言：聲討抓住。

〔3〕長子：指「九二」。弟子：指「六三」和「六四」。

〔4〕中行：行中正之道。

【譯文】

六五：田野有禽獸，利於捕獲，不會有災禍。委任德高望重的長者為軍中主帥，必將戰無不勝，委任無德小人將戰敗載屍而歸，堅守正道可以防止凶險。

《小象傳》說：「委任德高望重的長者統帥軍隊戰無不勝」，這是因為「九二」以中正之道行事。「委任無德小人將戰敗載屍而歸」，這都是用人不當所產生的惡果。

【解說】

上卦為坤，坤為地。如果「六五」發生爻變，則上交互卦變為艮，艮為手。同時，「九二」至「九五」變為大離卦，離為雉雞，引申為猛禽，故有「田有禽，利執言」之象。下交互卦為震，震為長子，下卦坎卦為中男，坤卦為大輿和死亡，所以又有「長子帥師，弟子輿屍」之象。「六五」以陰爻居於至尊之位，柔順、中庸，是能用師的明君。「田有禽，利執言」，比喻敵人來侵犯，應該予以打擊。這是師出有名的正義之戰，所以是有利的，沒有災禍。君王任命有才能的統帥「九二」指揮作戰，這是正確的；而委任志大才疏的「六三」「六四」參與軍事指揮，就是用人不當，乃敗亡之道。

【智慧點津】此爻揭示打仗應師出有名和慎選將帥。

【案例解讀】<u>江西通報教育亂收費典型</u>。據大江網《新法制報》2013 年 3 月 29 日報導：昨天，省教育廳通報了關於近期亂收費典型案件督察情況，都昌二中等 26 所學校和單位被查處，共處理違規收費 655.87 萬元，50 人受到黨紀政紀處分及其他處理。據悉，他們涉及違規收取與入學掛鉤的費用、違規補課並收費、巧立名目亂收費等，違背了國家的相關教育法律法規。「田有禽，利執言」，省教育廳要求各地、各有關部門要從這些案件中吸取教訓，時刻緊繃治理教育亂收費之弦，不踩紅線。

7.9

上六：大君有命〔1〕，開國承家〔2〕，小人勿用〔3〕。

《象》曰：「大君有命」，以正功也。「小人勿用」，必亂邦也。

【注釋】

〔1〕大君：國君。

〔2〕開國：即分封諸侯，使有封邑。承家：即分封大夫，使有采邑。

〔3〕小人：指無才無德之人。

【譯文】

上六：國君頒發詔令，有人被封為諸侯，有人被封為大夫，但是不要重用無才無德的小人。

《小象傳》說：「國君頒發詔令」，是為了論功行賞。「不要重用無才無德的小人」，因為小人必定禍亂國家。

【解說】

上卦為坤，坤為地，所以說分封土地為「開國承家」。「上六」是「師」卦終極，以陰爻居陰位而得位，象徵戰爭結束，此時，君王應論功行賞。「小人」無才無德，即使立了軍功，也只能給予物質獎賞，而不可以使其掌握國家實權。

【智慧點津】此爻揭示論功行賞時要防止小人擁有實權。

【案例解讀】<u>抗疫表彰大會</u>。在抗擊新冠肺炎疫情鬥爭中，湧現出一大批可歌可泣的先進典型，為了隆重表彰在這一鬥爭中作出貢獻的功勳模範人物，弘揚他們忠誠、擔當、奉獻的崇高品質，2020 年 9 月 8 日，全國抗擊新冠肺炎疫情表彰大會在北京舉行。在表彰大會上，鍾南山被授予「共和國勳章」，張伯禮、張定宇、陳薇薇被授予「人民英雄」國家榮譽稱號。大會還表彰了全國抗擊新冠肺炎疫情先進個人、先進集體，全國優秀黨員、先進基層黨組織。

8. 比卦第八——親師信道

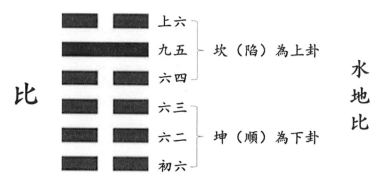

導讀：「只有我們付出了真心，才能贏得孩子的愛心；只有我們付出了愛心，才能讓孩子擁有陽光的一生。」作為教育工作者，只有對學生滿懷真心

和愛心，才能讓他們「親其師，信其道」。

卦體下坤上坎。坎為水，坤為地，地上有水，親密無間，呈互相親比之象。卦形「九五」陽剛居中得正處尊位，上下五個陰爻親附追隨，故又有君臨萬邦之象。「比」，本義是夫婦並肩匹合，即《說文》「比，密也」；引申為並列、親近、挨近、勾結等義；卦義為親近、依附、輔助。本卦闡述親近輔助之道。

8.1

比：吉。原〔1〕筮，元〔2〕永貞，无咎。不寧〔3〕方〔4〕來，後夫〔5〕凶。

【注釋】

〔1〕原：推原考察。

〔2〕元：開始。

〔3〕寧：安寧。

〔4〕方：方國。

〔5〕後夫：指遲來依附的「上六」。

【譯文】

《比》卦象徵親密無間，團結互助：吉祥。推敲考察占卜的結果，（如果所親附者）一開始就有尊長之德、能夠長久不變、堅守正道，就不會有災禍。（經過戰爭）不安順的邦國也來親附了，姍姍來遲者有兇險。

【解說】

與人相親相輔，當然吉祥。本卦卦主「九五」以中正居於至尊之位，具有良善、永遠和正固之德，上下又有五個陰爻追隨，就可以接受它們的親比而「无咎」。相親相輔貴在誠信，光明磊落，宜早不宜遲。如果晚來依附，說明誠信缺失，最終必然兇險，故卦辭說：「不寧方來，後夫凶」。

8.2

《彖》曰：比，吉也。比，輔〔1〕也，下順從也。「原筮，元永貞，无咎」，以剛中〔2〕也。「不寧方來」，上下應〔3〕也。「後夫凶」，其道窮也。

【注釋】

〔1〕輔：輔助。

〔2〕剛中：指「九五」陽爻居於上卦之中位。

〔3〕上下應：指「九五」和「六二」彼此感應。

【譯文】

《彖傳》說：相親相輔，吉祥。比，就是比輔，指下面的五個陰爻臣子順從於上面的「九五」陽剛之君。「推敲考察占卜的結果，是只要一開始就親輔有德之君，長久而守正，就不會有災禍」，因為「九五」剛毅中正。「不安順的邦國前來歸附」，是指君臣上下呼應。「遲來歸順的人會有兇險」，因為他已走投無路。

8.3

《象》曰：地上有水，比。先王以建萬國〔1〕，親諸侯〔2〕。

【注釋】

〔1〕萬國：許多邦國。親：親近。

【譯文】

《大象傳》說：地上有水，象徵水與地親密無間。古代賢君效法此象，建立眾國，親近各地諸侯。

【解說】

地上布滿水，水盡情地浸潤著土地，土地坦蕩地承載著水，「水得地而流，地得水而柔」，兩者有親密無間之象。教育工作者從中得到啟示，應主動親近、關愛學生，學生便會「親其師，信其道」。

8.4

初六：有孚比之〔1〕，无咎。有孚盈缶〔2〕，終來有它吉〔3〕。

《象》曰：「比之初六」，「有它吉」也。

【注釋】

〔1〕孚：誠信。

〔2〕缶：盛酒的瓦器。

〔3〕它：為「蛇」的原字，這裡有「其他」的意思。

【譯文】

初六：心懷誠信地親附，沒有災禍。誠信滿滿如同美酒盈缸，最終會有其他的吉祥。

《小象傳》說：「在開始階段親附的初六陰爻」，「會有其他的吉祥」。

【解說】

上卦為坎，坎為水，下卦為坤，坤為地、為腹，借為缶，故有「盈缶」之象。「九五」是比卦主爻（唯一的陽爻），卦中各陰爻都親近、追隨它，叫「有孚比之」。「初六」處比之始，地位低微，雖遠離「九五」至尊，但虔誠如盈缶；「精誠所至，金石為開」，最後，它必然會得到「九五」的賞識和親近，獲得意外的吉祥。

【智慧點津】此爻揭示誠信是親比的前提與基礎。

【案例解讀】徐煥傑：甘為點燃山區孩子心中明燈的使者。徐煥傑是九江市湖口縣屏峰中學副校長，1996年，在九江師專畢業以後，他放棄到縣城學校工作的機會，毅然決然地回到他曾經就讀的屏峰中學，成為一名人民教師。從此，他把人生的座標定在了為山區教育獻身的軌跡上。他20多年如一日，扎根鄉村，扎根於三尺講臺，用真情和汗水不斷點燃屏峰山區孩子心中的一盞盞明燈。他常說「山區的孩子樸實、可愛，我離不開他們」，「這裡養育了我，這裡需要我」，正是這一份真情、一份愛心、一份固守，讓他先後榮獲九江市「骨幹教師」，湖口縣「優秀教師」，江西省「最美鄉村教師」等光榮稱號。這正是「有孚盈缶，終來有它吉」的經典案例。

8.5

六二：比之自內〔1〕，貞吉。

《象》曰：「比之自內」，不自失也。

【注釋】

〔1〕內：內心。

【譯文】

六二：相親相輔，發自內心，堅守正道可獲吉祥。

《小象傳》說：「相親相輔，發自內心」，說明沒有偏離正道。

【解說】

「六二」以陰爻居陰位，處下卦之中，既中且正，又與上卦的至尊「九五」陰陽正應，所以說「比之自內」。「六二」擁有中正之德，它與人親近發自內心，堅持純正的動機，必然吉祥。

【智慧點津】 此爻揭示相親相輔應發自內心。

【案例解讀】 <u>霍懋征</u>：「沒有愛，就沒有教育。」霍懋征是現代著名教育家，1956 年被評為全國首批特級教師。她 60 年獻身基礎教育，無私奉獻，關愛學生，把「沒有愛，就沒有教育」「愛每一個學生」滲透到其教育教學的各個角落。在她的眼裏，「沒有不可教育或教育不好的學生」「相信人人都可以成才」。如她推薦「淘氣鬼」何永山加入學校鼓號隊，儘管他不是少先隊員。當發現某個女孩子怕寫作文時，她就在其作文中勾畫出有進步的句子，然後在全班表揚……60 多年，她創造出沒有讓一個學生掉隊的奇蹟，沒有體罰過一個學生，沒有對一個學生發脾氣……譜寫了一曲曲愛的讚歌。

8.6

六三：比之匪人〔1〕。

《象》曰：「比之匪人」，不亦傷乎？

【注釋】

〔1〕匪：非。

【譯文】

六三：相親相輔於行為不正當的人。

《小象傳》說：「相親相輔於行為不正當的人」，這不也讓人很傷心嗎？

【解說】

　　上卦為坎，坎為加憂、心病，引申為傷心，「六三」與之相鄰，故有「傷」之辭。「六三」以陰爻居陽位不中不正，既與「上六」陰陰相斥，又和剛正的「九五」無正應和比鄰的關係，因而所要親近的人，都不是志同道合的人，怎能不讓人傷心呢？孔子曰：「益者三友，損者三友。友直，友諒，友多聞，益矣。友便辟，友善柔，友便佞，損矣。」在日常生活中，我們每個人只有擦亮眼睛，認清益友，遠離損友，才能讓自己避免禍患。

【智慧點津】此爻揭示相親相輔應慎重選擇對象，勿妄交非類。

【案例解讀】<u>河南伊川一高中女生偷見網友</u>。據「趣聞趣事」2020 年 2 月 20 日報導：一名 18 歲的洛陽伊川某中學的高中女生，父母早亡，由二姑撫養長大。春節期間，她通過 QQ 認識了男網友周某，瞞著家人，偷偷獨自前往其家。據悉，她對這名網友一無所知，不知對方姓名、電話。2 月 11 日早上，不知什麼原因，兩人發生矛盾後，女生決定步行回家。在返回途中，由於沒有攜帶身份證，途經一疫情防控卡點時，被執勤人員發現，這才聯繫其家人將其接回家。周某是否涉嫌拐騙，目前當地警方已經介入調查。

8.7

　　六四：外比之〔1〕，貞吉。

　　《象》曰：「外比於賢」，以從上也〔2〕。

【注釋】

〔1〕之：指「九五」。

〔2〕從上：指「六四」之臣順從「九五」之君。

【譯文】

　　六四：在外相親相輔於賢明的君主，堅守正道可獲吉祥。

　　《小象傳》說：「在外相親相輔於賢明的君主」，是說「六四」順從尊上。

【解說】

　　「六四」以陰爻居陰位得正，與「初六」同性相斥，和外卦的「九五」中

正之君最近，於是，轉向外面尋求，與它相親。這是執著於正道，所以吉祥。

【智慧點津】此爻揭示應守正親輔賢明高尚的人。

【案例解讀】廣東省佛山市禪城區教育考察團到浙江建功中學取經。「德不孤，必有鄰。」2019 年，廣東省佛山市禪城區教育考察團一行 53 人到建功中學訪問交流，通過走訪校園，感受特色，交流座談，互通有無，獲益匪淺。考察團成員一致認為，建功中學在校園文化建設、特色學科發展和人文管理創新方面的經驗值得學習、借鑒和推廣。

8.8

九五：顯比。王用三驅〔1〕，失前禽，邑人不誡〔2〕，吉。

《象》曰：「顯比之吉」，位正中也。捨逆取順，「失前禽」也。「邑人不誡」，上使中也。

【注釋】

〔1〕三驅：《禮記》中有「天子不合圍」的說法，即天子狩獵，只由左、右、後三方驅趕禽獸，稱作「三驅」，捨棄往前逃的，只可捕殺迎面來的，所以說「失前禽」，此即「象傳」所言「捨逆取順」。

〔2〕邑人：此泛指普通百姓。邑是古代的居住點，好比村落。

【譯文】

九五：彰顯仁德而獲得民眾的擁護，君王打獵三面驅圍，網開一面，聽任前方的禽獸逃掉，不趕盡殺絕。當地人也不害怕，吉祥。

《小象傳》說：「彰顯仁德而獲得民眾擁護是吉祥的」，是因為君王處正而得中。君王打獵網開一面，射殺迎面衝撞的野獸，不去射殺往前遠跑的，所以聽任前方的禽獸逃掉。「當地人並不害怕」，說明君王實行中庸之道，讓臣民不驚。

【解說】

下卦為坤，坤為地，引申為田野。上交互卦為艮，艮為山，田野和山構成了狩獵場所。上卦為坎，坎為車，為馬，為弓輪（弓箭）。上互艮又為狗，

這是狩獵的武器和獵犬。坎又為豬，為血卦，用來表示被捕殺的野豬。因此，這是一幅形象生動的狩獵場景圖。「九五」以陽爻居陽位剛健中正，是一位明智之君。它向眾人彰顯自己光明正大、寬容大度的德行，就會吸引其他的陰爻，都來親近依附，有「顯比」之象。同時，「九五」君王用「三驅之禮」來狩獵，來者不拒，去者不追，所經過地區的老百姓並不驚懼戒備，當然吉祥。

【智慧點津】此爻揭示親比應光明正大，不可強求。

【案例解讀】川農大對 18 名學生考試作弊「網開一面」。據四川新聞網 2009年 11 月 24 日報導：昨日傍晚，川農大都江堰分校相關科室負責人證實，小陳等 18 名同學被發現在考試中作弊。而據川農大本部相關處室負責人稱，川農大一直非常重視學風建設特別是學生的誠信教育，考試作弊面臨「開除學籍」，這是教育部通知中的規定，學校能否對上述 18 名作弊者「網開一面」，同樣面臨兩難。最終校委會經過討論，傾向於給初次犯錯的學生一次改過自新的機會。目前，學校已責成學生處等，全面清理學校含有「開除學生學籍」的相關文件及規定，並在廣泛徵求意見的基礎上，對此進行修改。18 名考試作弊的學生如何處理，將按照新修訂的「學生違紀處分條例」進行處罰。

8.9

上六：比之無首〔1〕，凶。
《象》曰：「比之無首」，無所終也。

【注釋】
〔1〕首：領先。

【譯文】
上六：相親相輔於人而不領先居首，有兇險。
《小象傳》說：「相親相輔於人而不領先居首」，不會有好的結果。

【解說】
依照卦畫爻位之序而言，初位為先，上位為後；依照周易身體取象而言，

初爻一般為足、為尾，上爻為頭、為首，故有「無首」之象，也即卦辭所說「後夫凶」。「上六」以陰爻居陰位而得位，居比卦之極，自恃位高而自傲，起初它不願意親比聖王「九五」，直到看見大家都紛紛親附於「九五」，自己陷入孤立的境地，這才被動地追隨，但已錯失良機，所以結果兇險。

【智慧點津】此爻揭示相親相輔，貴在最先。

【案例解讀】老教師臨時報考普通話。眾所周知，普通話是教師的職業語言，是一個教師的基本素養，也是他們職稱評定的重要依據和考核指標。因而，所有教師都應自覺地把它作為一項硬性規定來對待並達標。然而，受各種因素影響，有一少部分老教師，或平時自恃年紀大可以不學，或自感方言難改，有學習障礙，抑或缺乏信心，抱著得過且過的僥倖心理，導致平時疏於學習，等到職稱評定時，才臨時抱佛腳報考，卻總「名落孫山」，後悔莫及。「比之無首，凶」，為避免出現類似的現象，這些教師只有端正思想，積極準備，才能更有益於職業生涯和個人成長。

9. 小畜卦第九——小有蓄積

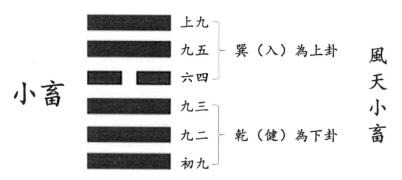

導讀：「不積跬步，無以至千里；不積小流，無以成江海。」作為教育工作者，只有不斷加強學習，提高自己的道德素質和業務水平，才能更好地教書育人。

卦體下乾上巽。巽為風，乾為天，為風飄行天上、濃雲被吹散而無雨之象，象徵小畜。卦象為「六四」一陰蓄聚上下五陽，因為陰為小，陽為大，以陰蓄陽就是以小蓄大，故為小畜。「畜」，本義是將動物繫在欄圈裏，用穀物飼養，作為食物的儲備。又同「蓄」，有聚、止、養等義。《小畜》，卦義為小有蓄積。本卦說明當事物發展不順時，應逐步積蓄力量，才能大有作為。

9.1

　　小畜：亨〔1〕。密雲不雨，自我西郊〔2〕。

【注釋】

　　〔1〕亨：亨通。

　　〔2〕自我西郊：九二爻、九三爻、六四爻組成兌卦，兌為西方，乾為郊外，故言之。

【譯文】

　　《小畜》卦象徵微小的蓄聚：亨通。烏雲密布，從城外西郊吹來，卻沒有降雨。

【解說】

　　「合抱之木，生於毫末；九層之臺，起於累土。」財富、知識和道德都是在點滴積累中不斷聚集、壯大和豐盈的，所以卦辭說「亨」。「雲行東，一場空；雲行西，披雨衣」，風自西向東吹，烏雲被吹散，而不能下雨，說明「巽」風蓄積「乾」天雲氣不夠，力量有限，能畜而不能長久，有暫時停頓之象。本卦呈現「一陰五陽」之格局，「六四」以陰爻居於陰位，為小畜之主，也為一陰蓄養五陽之主，蓄之不易。不過君子只要志存高遠，刻苦修煉自己，終將厚積薄發、暢行無阻。

9.2

　　《彖》曰：小畜，柔得位而上下應之〔1〕，曰小畜。健而巽〔2〕，剛中〔3〕而志行，乃「亨」。「密雲不雨」，尚〔4〕往也。「自我西郊」，施未行也。

【注釋】

　　〔1〕柔得位而上下應之：指「六四」以陰爻居於陰位，它和其他五個陽爻相應。

　　〔2〕健而巽：小畜卦下卦為乾，為健，上卦為巽，「巽」通「遜」，謙遜，故言「健而巽」。

　　〔3〕剛中：指「九五」和「九二」都是陽爻且居於上下卦的中位。

　　〔4〕尚：通「上」。

【譯文】

　　《彖傳》說：小畜，「六四」以陰爻居陰位得位，而上下的五個陽爻與之相應，所以稱為小畜。如果心中剛健而又謙遜，那麼志向必會得以實現，所

以「亨通」。「濃雲密布而終不降雨」，說明雲氣正上升聚積。「密雲來自西郊上空」，說明雨水蓄積不夠還不能降下（暗指君子抱負尚未實施，未能惠澤大眾）。

9.3

《象》曰：風行天上，小畜。君子以懿（yì）文德〔1〕。

【注釋】

〔1〕懿：美化。文德：才藝與道德。

【譯文】

《大象傳》說：風飄行在天上，甘霖未降，象徵著小有積蓄。君子效法此象，不斷美化自己的才藝與道德，待日後大有作為。

【解說】

風在天上吹，水汽在天空中小有積蓄，有陰雲密布卻難降雨之象。教育工作者從中得到啟示，應不斷增強自己的才藝和道德，以便日後教育教學更遊刃有餘。

9.4

初九：復自道〔1〕，何其咎〔2〕？吉。
《象》曰：「復自道」，其義吉也。

【注釋】

〔1〕道：舊路。
〔2〕咎：災禍。

【譯文】

初九：返回自己的正道上來，哪裏會有什麼災禍呢？吉祥。
《小象傳》說：「返回到自己的正道上來」，表明在事理上是吉祥的。

【解說】

「初九」以陽爻居陽位而得位，陽剛好動，動則陽剛之氣上行，與本卦

唯一陰爻「六四」相應，成正應關係。由於此爻位卑質弱，如為「六四」所蓄聚則會失去本身德性。所以「初九」返歸自己原來應走的道路，沒有過失而且吉祥。「初九」是小畜的初始，人要先走上正道才能有積蓄。

【智慧點津】此爻揭示走正道才是人生由小到大蓄積的基礎。

【案例解讀】<u>劉丁寧從港大退學重考北大</u>。據「教育訪談」2019 年 12 月 14 日載：劉丁寧是連續兩屆遼寧省高考狀元。她在 2013 年高考中，以 668 分的成績同時收到北京大學和香港大學的錄取通知，但是香港大學卻答應她給她 56 萬元作為獎學金。後來在父母的建議下，她進入香港大學就讀。但一個月後，她決定退學，重新回到高中。2014 年夏天，她再一次走進高考考場，又一次以 666 的高分成為遼寧省高考文科狀元，並如願再一次進入北京大學中文系。當有人問及退學原因時，她說，香港大學並不適合自己，北京大學才是她的夢想，只有及時改變方向，選擇適合自己的道路，才是對人生的最大尊重。

9.5

九二：牽復〔1〕，吉。
《象》曰：「牽復」在中〔2〕，亦不自失也。

【注釋】

〔1〕牽：攜手。復：返回。

〔2〕在中：「九二」陽爻居於下卦之中。

【譯文】

九二：被「初九」牽連返回正道，吉祥。

《小象傳》說：「被『初九』牽連返回中道」，說明「九二」自己不會有什麼過失。

【解說】

「初九」與「九二」緊密相連。現在，「初九」和「六四」正應，它受「六四」吸引率先走上正道。「九二」被「初九」牽動，也一起走上正道，故有「牽復」之象。卦中，「六四」對下面三個陽爻有蓄止之勢，但「九二」剛健居中

位，與「初九」攜手並進，當可突破阻礙，共同走向致富之路，因而吉祥。

【智慧點津】此爻揭示實現小有積蓄，應團結互助。

【案例解讀】學區制改革讓學校「抱團取暖，力促平衡」。據《廣西教育（教育時政）》2016 年第 10 期載：2014 年 8 月，梧州市萬秀區正式啟動學區制管理改革工作。經過兩年的探索實踐，該區教育發展格局為之一新，有力地促進了義務教育均衡發展。具體來說，該區以地理位置相近、利於教育資源整合為原則，採用「1+X+Y」模式把轄區內 46 所中小學劃分為 7 個學區。「1」是指 1 所較優質學校，即龍頭校；「X」是指 1 至 3 所市區學校，與龍頭校實行緊密型、一體化管理；「Y」是指 3 至 5 所農村學校，與龍頭校、市區學校以「互動幫扶」的方式，加強交流、學習。「這樣的方式，能夠使先進的管理理念、教學理念和優秀師資等得以更合理地分配，村校、弱校與優質校間實現無縫對接，從而促進區域教育向合理化、規範化、系統化、優質化的方向發展。」這項舉措實乃「牽復在中，亦不自失也」。

9.6

九三：輿說輻〔1〕，夫妻反目。
《象》曰：「夫妻反目」，不能正室也。

【注釋】
〔1〕說：通「脫」，脫落。輻：車軸。

【譯文】
九三：車輪的輻條中途脫落，車不能行駛，好比夫妻失和吵鬧。
《小象傳》說：「夫妻失和吵鬧」，說明「九三」不能端正處理好家庭關係。

【解說】
乾為車，為圓。上卦為巽，巽為木，車輻為木料製作。下交互卦為兌，兌為毀折，脫落，故有「輿說輻」之象。又上交互卦為離，離為目，上巽為婦，下乾為夫，妻壓制夫，男女關係顛倒，所以又有「夫妻反目」之象。「九三」以陽爻居陽位，過剛不中，一味往前衝，但遭到「六四」柔爻阻擋，導致夫妻

反目，就像車輪與車軸脫離。

【智慧點津】此爻揭示實現小有蓄積，不可剛躁盲進。

【案例解讀】<u>15 歲少年難忍棍棒教育，給父母下藥「出逃」</u>。據《現代快報》2016 年 1 月 5 日報導：因為 15 歲的兒子小春成績下滑太厲害，在靖江打工的曹雙平夫妻實在放心不下，這個元旦，他們專程將兒子從老家湖南岳陽接到身邊，準備好好教育一番後再把兒子送回去。然而，棍棒教育之下，處於青春叛逆期的小春實在受不了，他制訂了一個「出逃」計劃。1 月 2 日晚，小春買了助眠藥物「睡安膠囊」，摻入紅糖水中，假裝很乖巧地承認了錯誤，哄得父母很開心，將紅糖水一飲而盡，之後呼呼大睡。計謀得逞，小春拿起父親的身份證和現金，購買車票，登上了回老家湖南岳陽的車。此家長「望子成龍，望女成鳳」的願望可以理解，但如此之舉，極易造成「輿說輻」之害，我們應引以為戒。

9.7

六四：有孚〔1〕，血去惕出〔2〕，无咎。

《象》曰：「有孚惕出」，上合志也。

【注釋】

〔1〕孚：誠信。

〔2〕血：通「恤」，憂患。惕：警惕和戒備。

【譯文】

六四：心懷誠信，就能免除傷害與警惕，不會有災禍。

《小象傳》說：「心懷誠信，免除警惕」，表明「六四」與居上位的「九五」心志相同。

【解說】

坎為血，為加憂，為心病。「六四」處上交互卦離之中，離卦和坎卦卦象相反，反象取反義，故有「血去惕出」之象。「六四」為本卦之主，以唯一的陰爻，畜止五個陽爻，成為他們前進的阻力，當然擔心會受到傷害。可是，它

以陰爻居陰位得正，能以至誠之心、柔順之道得到上方二個陽爻的信任和援助，因而能夠避免傷害與憂懼，不會有災禍。

【智慧點津】此爻揭示實現小有蓄積，誠信可以除患。

【案例解讀】<u>商鞅變法使秦國國富民強</u>。戰國時期，秦國左庶長商鞅欲推行變法，但遭到保守貴族的強烈反對，所幸，他得到秦孝公的信任，才「血去惕出」。公元前356年和公元前350年，他先後兩次實行以「廢井田、開阡陌、實行縣制，獎勵耕織和戰鬥，實行連坐之法」為主要內容的變法，使秦國逐漸成為戰國七雄中實力最為強大的國家。

9.8

九五：有孚攣（luán）〔1〕如，富以其鄰〔2〕。

《象》曰：「有孚攣如」，不獨富也。

【注釋】

〔1〕攣如：手指彎曲握緊的樣子。

〔2〕以：和，連及。

【譯文】

九五：心懷誠信，密切相連，和近鄰共同富裕。

《小象傳》說：「心懷誠信，密切相連」，說明「九五」不獨享富貴。

【解說】

上爻互卦為離，離為火，為光明，象徵內心充滿誠信。若「九五」發生爻變，則上卦變為艮，艮為手，故有「有孚攣如」之象。上卦為巽，巽為風，為順，為近利市三倍。本爻比鄰「上九」和「六四」，所以又有「富以其鄰」之象。「九五」以陽爻居於陽位，至尊中正，它能以誠信之德帶領眾陽共信「六四」，真誠接受它的畜止。「六四」柔順處下，能忠心勸諫輔佐，兩者心懷誠信，志同道合，定會合力突破阻礙，使大家由小畜而走向共同富裕。小畜卦表面上是「六四」以陰柔蓄養群陽，實質上是「九五」通過「六四」來蓄止天下。

【智慧點津】此爻揭示以誠待人、共同富裕的道理。

【案例解讀】徐州：名師下鄉送真經，結對幫扶面對面。據中國江蘇網 2021 年 11 月 12 日報導：開展黨史學習教育以來，市教育局機關黨委引導黨員幹部深入一線、走進基層，真心實意地納民意、解民憂，通過名師送培、城鄉結對等方式，積極為鄉村教師發展搭建平臺，助力鄉村教育，用實際行動確保黨史學習教育取得紮實成效。日前，2021 年「名師行送培到鄉」系列活動來到港務區，8 位市級優秀教師在課堂上傳播先進的教學理念和方法，讓當地教師受益匪淺。送培下鄉的名師還與當地基層教師「結對子」幫扶，促進他們教學進一步鞏固提升，讓每一位參培教師都能在解決「真問題」中得到「真發展」。

9.9

上九：既雨既處〔1〕，尚德載〔2〕。婦貞厲，月幾望〔3〕，君子征凶〔4〕。

《象》曰：「既雨既處」，德積載也。「君子征凶」，有所疑也。

【注釋】

〔1〕既：已經。處：安居，停止。

〔2〕載：滿。

〔3〕月幾望：月亮接近圓滿。

〔4〕征：行走。

【譯文】

　　上九：密雲已經降雨，陽氣已被畜止，高尚的功德已經圓滿。婦人應該堅守正道，以防危險，要像月亮將圓而不過盈。此時君子如果出外遠行，必有兇險。

　　《小象傳》說：「密雲已經降雨，陽氣已被畜止」，說明功德的積累已經圓滿。「君子如果出外遠行必遭兇險」，因為形勢的發展變化讓人疑慮。

【解說】

　　巽為長女，若「上九」發生爻變，則上卦變為坎卦，坎為雨，為月亮，為懷疑，故有爻辭諸象。「上九」為蓄止之終極，小畜之道亦以極盛。「六四」以誠信與五陽精誠團結，共同蓄積力量，陰陽相合飽和而降雨，功德已經圓滿。小畜卦以陰畜陽，以柔制剛，如果婦人固守此道而不知變通，陽剛君子又不

能認清形勢，繼續追求盛大，那麼陰極盛，就像妻壓制夫，最終會因陰陽抗衡，盛極必衰，異常兇險。

【智慧點津】此爻揭示蓄積應當適可而止，切忌盈滿。

【案例解讀】「寡婦與母雞」的故事。在《伊索寓言》中記載了這樣一個故事：有個寡婦養著一隻母雞，母雞每天下一個蛋。她以為多給雞喂些大麥，它就會每天下兩個蛋。於是，她就每天這樣喂，結果母雞長得越來越肥，每天連一個蛋也不下了。它啟迪我們，一個人如果太貪婪，就會連已經擁有的都失去。

10. 履卦第十──明禮慎行

導讀：「國將興，必貴師而重傅。」作為教育工作者，應上不負國家所託，下不負萬民所望，恪守「學為人師，行為世範」的準則，戒慎恐懼，心存敬畏，依禮而行。

卦體下兌上乾。乾為天，兌為澤，上天下澤，尊卑有序之象。又乾為剛健、為虎。兌為口、為喜悅，有履虎尾不見傷之象。「履」，本義為鞋子，引申為履行、實踐。行動和積蓄需要講究禮儀，便與「禮」相通。本卦講述處世應遵守禮節，謹慎行事。

10.1

　　履：履〔1〕虎尾，不咥（dié）〔2〕人，亨。

【注釋】

〔1〕履：踩踏。

〔2〕咥：咬。

【譯文】

《履》卦象徵行走：跟在老虎後面踩到它的尾巴，老虎卻不咬人，亨通。

【解說】

本卦上卦為乾，乾為剛健，引申為威嚴，有「虎」之象。下卦為兌，兌為口，有「咥」之象。下「兌」跟在上「乾」之後，所以用踩到老虎尾巴來比擬。「伸手不打笑臉人」，君子如果能和悅謙卑行事，以「兌」柔克制「乾」剛，那麼即使身處極端危險的境地，也將安然無恙，吉祥亨通。

10.2

《彖》曰：履，柔履剛〔1〕也。說〔2〕而應乎乾，是以「履虎尾，不咥人，亨」。剛中正，履〔3〕帝位而不疚，光明也。

【注釋】

〔1〕柔履剛：「六三」陰爻在「九二」陽爻之上。

〔2〕說：通「悅」，喜悅；下卦兌為悅。

〔3〕履：佔據。

【譯文】

《彖傳》說：行走，是指柔順者跟著陽剛者之後。應該以和悅的態度順應陽剛者，這樣就能夠「跟在老虎後面踩到它的尾巴，老虎卻不咬人，亨通」。「九五」君子剛健中正，即使登臨帝位也毫不愧疚，前途光明。

10.3

《象》曰：上天下澤，履。君子以辯上下〔1〕，定民志〔2〕。

【注釋】

〔1〕辯：通「辨」，區別。

〔2〕定：安定。

【譯文】

《大象傳》說：上為蒼天，下為湖澤，象徵著行而有禮。君子效法此象，辨明上下等級秩序，安定百姓思想。

【解說】

上面為蒼天，下面為湖澤，有上下、尊卑、涇渭分明之象。教育工作者

從中得到啟示，應當辨明師生界限，維護師道尊嚴。

10.4

初九：素履往〔1〕，无咎。

《象》曰：「素履之往」，獨行願也。

【注釋】

〔1〕素履：白色無紋的鞋，比喻行為清白。

【譯文】

初九：清白行事，沒有災禍。

《小象傳》說：「清白行事」，說明「初九」獨自實行自己的意願。

【解說】

「初九」處履之初，相當於一個初涉世事、剛剛踏入社會的年輕人。它以陽爻居陽位得正，因而做事能安分守己，為人樸素無華，這樣就不會有任何過失。

【智慧點津】此爻揭示處事應恪守本志，矢志不移。

【案例解讀】「布鞋院士」李小文做科研「獨行願」。李小文是中科院院士、北師大遙感與地理信息系統研究中心主任，被網友稱為「布鞋院士」。他一生謙虛樸素，淡泊名利，十分平易近人。在生活中，他一直保持著簡樸的作風，從不西裝革履，從不在乎他人閒言碎語，無論走到哪裏他都穿著布鞋。有一次，因為穿著樸素，他差點被保安誤以為是農民而趕了出去。「君子素其位而行，不願乎其外」，他活得很簡單，在科研中得到了人生的樂趣和價值，令人肅然起敬。

10.5

九二：履道坦坦〔1〕，幽人貞吉〔2〕。

《象》曰：「幽人貞吉」，中不自亂也。

【注釋】

〔1〕坦坦：平坦，坦蕩。

〔2〕幽人：安靜、恬淡的人。

【譯文】

九二：行走在平坦的大道上，安靜恬淡的人堅守正道可獲吉祥。

《小象傳》說：「安靜恬淡的人堅守正道可獲吉祥」，說明「六二」行為中正而不為外物擾亂。

【解說】

若「九二」發生爻變，則下卦變為震卦，震為大途。下卦為兌，兌為澤，為幽靜，所以有「坦坦」和「幽人」之象。「九二」以陽爻居於柔位，性格剛健、中庸，內心安靜恬淡，亦如潔身自好、與世無爭的隱士。他心志不被世俗擾亂，當然吉祥。

【智慧點津】此爻揭示處事應坦蕩無私，幽靜恬淡。

【案例解讀】<u>陳立群臺江縣民族中學丹心支教</u>。陳立群是浙江省原杭州學軍中學校長，2019 年被授予「時代楷模」稱號。2016 年，他退休後婉拒民辦學校的高薪聘請，自願擔任貴州省黔東南苗族侗族自治州臺江縣民族中學校長，不拿一分錢工資、獎金和生活補助，「不為功利，不求功德，只為心願」。這期間，他大膽改革學校積弊，讓該校辦學質量顯著提升，受到師生和家長的廣泛讚譽。這正是他「幽人貞吉，中不自亂」的真實寫照。

10.6

六三：眇能視〔1〕，跛能履，履虎尾，咥（dié）人〔2〕，凶。武人為於大君〔3〕。

《象》曰：「眇能視」，不足以有明也。「跛能履」，不足以與行也。「咥人之凶」，位不當也。「武人為於大君」，志剛也。

【注釋】

〔1〕眇：一隻眼瞎。

〔2〕履：行走。咥：咬。

〔3〕武人：勇武之人。大君：國君。

【譯文】

六三：獨眼而強行去看，跛腿而勉強行走，踩到虎尾而被它咬，有兇險。這就像勇武的人企圖篡政稱君。

《小象傳》說：「獨眼而強行去看」，根本談不上看清事物。「跛腿而勉強行走」，根本不可一起遠行。「有被老虎咬的兇險」，說明「六三」居位不當。「勇武的人企圖篡政稱君」，說明他剛愎自用。

【解說】

下交互卦為離，離為目。上交互卦為巽，巽為股（大腿）。下卦兌為毀折，故有「目眇」「腿跛」之象。又上卦為乾，乾為天，在人為君，在獸為虎。上交為頭，五交為身，四交為尾。「六三」為兌卦主交，兌為口，為毀折，它又上臨乾卦，緊鄰「九四」，故有「履虎尾，不咥人」之象。此外，下交互離卦為甲冑，為戈兵，手持戈兵者即為武人。若「六三」發生交變，則下卦變為乾，乾為君，所以又有「武人為於大君」之象。「六三」以陰交居陽位不中不正，又乘剛於兩個剛交之上，卻仗著與「上九」正應，志願比剛交還大，想做國君。如此，剛愎自用，不自量力，企圖叛亂，當然兇險。

【智慧點津】此交揭示處事應量力守分，逞強有凶。

【案例解讀】華為辭退好高騖遠的北大高材生。據遼寧臺萬象匯 2020 年 10 月 28 日報導：任正非曾在《任正非正傳》一書裏記錄了這樣一個故事：有一位北大高材生，入職華為不到一個月，就給任正非寫了一封「萬言書」，文中洋洋灑灑針砭了華為目前的現狀，所處的困境，上到公司戰略，下到工作細節。這位「有心」的高材生原以為自己定會被提拔、委以重任，可殊不知最後竟被公司直接辭退。筆者認為，作為一名新員工，連自己的工作都還不熟悉，更別提公司的運營模式、未來戰略。這種好高騖遠之舉，只會讓自己落得「履虎尾，咥人凶」的結局。

10.7

九四：履虎尾，愬愬（shuò）[1]終吉。

《象》曰：「愬愬終吉」，志行也。

【注釋】

[1] 愬愬：恐懼。

【譯文】

九四：踩到虎尾，十分驚懼，終將獲得吉祥。

《小象傳》說：「十分驚懼，終將獲得吉祥」，說明「九四」的志向能夠施行。

【解說】

若「九四」發生爻變，則下交互卦變為震，震為雷，故有「愬愬」之象。「九四」以陽爻處陰位而不中不正，尾隨在老虎「九五」之君的後面，當然危險。不過，它內剛而外柔，態度柔順，保持恐懼謹慎，因而能夠趨吉避凶。

【智慧點津】此爻揭示處事戒懼得吉。

【案例解讀】<u>岑文本位高權重得善終</u>。岑文本是初唐名臣，自幼聰慧敏捷，博通經史，一直深受唐太宗賞識。唐太宗先封他為中書侍郎，專管朝廷機密。他一生低調謹慎，為人十分謙虛，盡力避免貞觀朝的皇儲之爭。每次陞官，他都不喜反憂，自歎無功無德，最終病卒於遼東，陪葬昭陵。這正是「履虎尾，愬愬終吉」的生動寫照。

10.8

九五：夬（guài）履[1]，貞厲。

《象》曰：「夬履貞厲」，位正當也。

【注釋】

[1] 夬：通「決」，果決，武斷。

【譯文】

九五：武斷果決地行事，要堅守正道以防危險。

《小象傳》說：「武斷果決地行事，要堅守正道以防危險」，因為「九五」居位正當。

【解說】

「九五」以陽爻居於陽位，處君王至尊之位，具備陽剛中正之德。當履之時，他又在乾健之體，「九二」下屬又和悅順從，唯命是聽，容易獨斷專行。此時，如果他自恃剛明，乾剛獨斷，不聽取他人意見而我行我素，長此以往必然兇險。

【智慧點津】此爻揭示處事切忌剛愎自用。

【案例解讀】浙江省教育廳長草率決策被問責。據《政事兒》2018 年 12 月 5 日報導：11 月 24 日，浙江省高考英語科目成績公布後，考試成績和加權賦分方式受到一些學生和家長質疑，引起社會廣泛關注。經調查，此次高考英語科目加權賦分是一起因決策嚴重錯誤造成的重大責任事故。調查組認為，此次高考英語科目加權賦分依據不充分、決策嚴重錯誤，導致結果不公正、不合理。浙江省教育廳在沒有進行充分的論證，沒有進行集體研究的情況下，由主要負責人個人決定了這一事關全局和社會穩定的重大問題。而省教育考試院在多數人持不同意見的情況下，違規通過和執行了加權賦分的錯誤決定。最後，相關職能單位和有關責任人依規分別被追究責任。身居要位，手握重權，就要懂得慎權力，這正所謂「夬履，貞厲」。

10.9

上九：視履考祥〔1〕，其旋元吉〔2〕。

《象》曰：「元吉」在上〔3〕，大有慶也。

【注釋】

〔1〕考祥：考察吉凶。

〔2〕旋：周旋，引申為圓滿。

〔3〕上：終，這裡指「上九」位於履卦最高的爻位。

【譯文】

上九：審視走過的足跡，考察禍福，其過程是圓滿而大吉大利的。

《小象傳》說：「上九」居上位而「大吉大利」，說明它大有喜慶。

【解說】

下交互卦為離，離為目，為龜，為占卜，引申為考察吉凶，故有「視履考祥」之象。「上九」處履卦之終，好像一個人走完他生命的歷程。此時，人們評定他一生的是非功過，要根據他的行跡來確定。一個人如果回視一生（前面五個爻）行跡，能做到無怨無悔，就會大吉大利。由這一爻可以看出，君子只有平時不斷反身修己，才能踐履圓滿。

【智慧點津】此爻揭示處事應考察過程、衡量結果。

【案例解讀】著名教育家徐特立的一生。據無憂考網 2015 年 9 月 24 日載：徐特立 1877 年出生於湖南善化，是我國著名的革命家和教育家。青年時期，他就酷愛讀書，留下了「不動筆墨不讀書」的名言。18 歲時，為了謀生，他在做醫生還是當塾師之間選擇了後者，從此開始了「一生都教書」的道路。他一生忠於黨的教育事業，誨人不倦，先後創辦梨江高等小學堂、長沙師範、五美小學、中央列寧師範，為我國的基礎教育作出了巨大的貢獻。他自身的革命精神、高尚的情操和優秀品質被人們譽為「沒有字的教科書」，堪稱「視履考祥，其旋元吉」。

11. 泰卦第十一──師生溝通

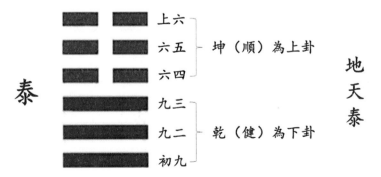

導讀：「交流構築師生友誼，溝通融化師生隔閡。」作為教育工作者，只有與學生坦誠溝通，才能融洽彼此關係，實現教學相長。

卦體下乾上坤。乾為天、為陽、為大，為君子。坤為地、為陰、為小，為小人。地氣重濁而下降，天氣輕揚而上升，成天地相交通泰之象。「泰」，本義是用淨水潑身，去污驅邪，以祈吉祥和幸福。《泰》，卦義為通達、暢順。本卦闡釋師生如何溝通，實現教學安泰之道。

11.1

泰：小〔1〕往大〔2〕來，吉，亨。

【注釋】

〔1〕小：指坤陰，陰氣。

〔2〕大：指乾陽，陽氣。

【譯文】

《泰》卦象徵通達：陰氣往上升，陽氣向下降，吉祥而亨通。

【解說】

「小往」是陰氣往外，「大來」是陽氣入內。本卦上「坤」下「乾」（與否卦相反），地在天上，好像不適當。但實際上，正因為天地上下密切交流、溝通，才形成安泰局面，所以，吉祥亨通。

11.2

《彖》曰：「泰，小往大來，吉，亨。」則是天地交〔1〕而萬物通也，上下交而其志同也。內陽而外陰，內健而外順，內君子而外小人。君子道長，小人道消也。

【注釋】

〔1〕天地交：泰卦下（內）乾上（外）坤，坤為地、為下、為陰、為順、為小人。乾為天、為上、為陽、為健、為君子。乾應在上而在下，坤應在下而在上，彼此上下交往，所以說「天地交」。

【譯文】

《彖傳》說：「通泰，是指陰氣往上升，陽氣向下降，吉祥而亨通。」以此為準，天地交合因而萬物暢通，君臣上下交往因而志向相同。陽在內而陰在外部，剛健者在內而柔順者在外，君子在內而小人在外。這說明君子得勢

其道盛長，小人失勢其道消退。

11.3

《象》曰：天地交，泰。後以財成天地之道〔1〕，輔相天地之宜，以左右民〔2〕。

【注釋】

〔1〕後：君主。財：通「裁」，制定。

〔2〕左右：支配，統治。

【譯文】

《大象傳》說：天地陰陽二氣相交，象徵著上下溝通順暢。君主效法此象，制定符合天地運行的制度，輔助天地的造化，從而支配天下百姓。

【解說】

天地陰陽二氣相互交合，萬物得以滋養，有亨通之象。教育工作者從中得到啟示，要和學生打成一片，彼此溝通，從而形成教學相長的良好局面。

11.4

初九：拔茅茹〔1〕，以其匯〔2〕，征吉。

《象》曰：「拔茅征吉」，志在外也。

【注釋】

〔1〕茹：根相連，相互牽連的意思。

〔2〕匯：類。以：連及。

【譯文】

初九：拔起了一根茅草，它們的根系相連，共同向前進發吉祥。

《小象傳》說：「拔起了一根茅草，向前進發吉祥」，說明「初九」有在外建功立業的遠大志向。

【解說】

若「初九」發生爻變，則下卦變為巽卦，巽為草木。「初九」「九二」和「九

三」都屬於陽爻，故有「拔茅茹，以其彙」之象。「初九」處乾卦之初，以陽爻居陽位，又處坤乾上下交泰之時，陽氣漸盛，必與「六四」相應，又可兼帶「九二」「九三」分別與「六五」「上六」相應，一陽動而三陽俱動，牽一髮而動全身，呈君子並進之象。君子志同道合，正如茅草連根拔起，帶動同類，當然前進吉祥。

【智慧點津】此爻揭示保持安泰應精誠團結，共同向外尋求發展。

【案例解讀】新東方「三駕馬車」一起創業。新東方「三駕馬車」是指俞敏洪、徐小平和王強。新東方在創辦之初，俞敏洪主要負責出國考試培訓，徐小平負責留學、簽證、移民和諮詢，王強的地盤則是基礎英語培訓。他們三人各司其職，各顯神通，團結創新，披荊斬棘，終於使「新東方」由最初的簡單教育培訓班，發展成為現在的知名國際教育品牌，實乃「拔茅茹，以其彙，征吉」。

11.5

　　九二：包荒〔1〕，用馮（píng）河〔2〕，不遐遺〔3〕，朋亡〔4〕，得尚於中行〔5〕。
　　《象》曰：「包荒」，「得尚於中行」，以光大也。

【注釋】
　　〔1〕包荒：挖空的匏瓜，比喻包容廣大。包，通「匏」，葫蘆。荒，空。
　　〔2〕馮河：即「暴虎馮河」，空手搏虎，徒步過河，這裡形容擁有果敢的作風。
　　〔3〕遐：遠。遺：遺棄。
　　〔4〕朋亡：朋黨消失。
　　〔5〕尚：崇尚。中行：行中正之道。

【譯文】
　　九二：有海納百川的博大胸懷，徒步涉河的氣概，不遺棄遠方賢哲的德性，不結黨營私，這一切都得之於光明正大的原則。
　　《小象傳》說：「有海納百川的博大胸懷」，「這一切都得之於光明正大的原則」，是因為君子光明正大。

【解說】

上卦為坤，為地，大地廣闊無垠，故言「包荒」「遐」。下交互卦為兌，兌為澤。兌卦和巽卦卦形相反，巽為木，以木作舟，可以渡河。反巽取反義，故言「用馮河」。若「九二」發生爻變，則下交互卦變為坎，坎為盜，故說「遺」。同時，下卦乾卦變為離卦，離為日，象徵光明，如果內心光明就不會勾結朋黨，故說「朋亡」。「九二」剛爻在柔位，內剛外柔，又處下卦之中，能以中正之道行事。上與「六五」正應，為君臣相得之象。「九二」好比剛柔相濟的中正大臣，能包容污穢，又剛健果斷，不遺棄老少邊窮地區的人，且不結黨營私。這種光明磊落的態度，符合中庸原則，占斷必然是吉。

【智慧點津】此爻揭示保持安泰，應當寬廣無私，光明磊落，果敢進取。

【案例解讀】<u>李斯特義收學員</u>。有個姑娘要開音樂會，在海報上宣稱自己是李斯特的學生。演出前一天，李斯特出現在她面前。姑娘驚恐萬分，抽泣著說，冒稱是出於生計，並請求寬恕。李斯特要她把演奏的曲子彈給他聽，並加以指點，最後爽快地說：「大膽地上臺演奏，你現在已是我的學生。你可以向劇場經理宣布，晚會最後一個節目，由老師為學生演奏。」李斯特在音樂會上彈了最後一曲。

11.6

九三：無平不陂（bēi）〔1〕，無往不復〔2〕，艱貞无咎。勿恤其孚〔3〕，於食有福〔4〕。

《象》曰：「無往不復」，天地際〔5〕也。

【注釋】
〔1〕陂：斜坡。
〔2〕復：返回。
〔3〕恤：擔憂。孚：誠信。
〔4〕際：交界處。

【譯文】
九三：沒有都是平地而沒有斜坡的，沒有只出去而不返回的，只要在艱難

中能堅守正道，就沒有災禍。不要擔心，不能取信於人，在生活上會有福慶。

《小象傳》說：「沒有只出去而不返回的」，這是因為「九三」處在天地交界地帶。

【解說】

「九三」是乾卦最後一爻，上臨坤卦，乾與坤正好相反，猶如「平陂、往來」之間，故有「無平不陂」之象。下交互卦為兌，兌為毀折，為口，所以又有「艱」「食」之象。「九三」以陽爻居陽位而得正，正處在泰卦上下二體乾坤的交接處，又位於陰陽二氣的交合點，是陽剛極盛的臨界點，也是由陽轉陰的轉折點。因此，「九三」特別要注意處「泰」防「否」。所以，君子必須覺悟，這是大自然的法則，只有在艱難困苦中堅持純正，不改初衷，才不會有災禍，生活上就會得到幸福。

【智慧點津】此爻揭示保持安泰應時刻警惕，未雨綢繆。

【案例解讀】華為時刻為寒冬作準備。眾所周知，華為是世界五百強公司，其目前發展蒸蒸日上。然而，華為創始人任正非一再提醒他的員工，我們的冬天就要來了，我們必須時刻準備好迎接寒冬。近年來，面對美國的不斷制裁和極限絞殺，使得它在芯片供應上受到了很大限制。但是，華為提前儲備了大量關鍵芯片，囤積了大批 DRAM 和 NAND 閃存。同時，它迅速啟動花費十餘年投入研發的備用方案，從而確保了華為大部分產品的戰略安全與連續供應。

11.7

六四：翩翩〔1〕，不富以其鄰〔2〕，不戒以孚〔3〕。

《象》曰：「翩翩不富」，皆失實也。「不戒以孚」，中心願也。

【注釋】

〔1〕翩翩：鳥疾飛輕盈的樣子。

〔2〕不富：陽爻為實，為富；陰爻為虛，為不富，這裡指三個陰爻。鄰：「六五」和「上六」兩陰。

〔3〕戒：告誡。以：和，帶著。

【譯文】

六四：像飛鳥從高處連翩下降，難保富有，連帶著它的近鄰上下二陰。它們都以誠相待（虛心求陽），不必互相告誡。

《小象傳》說：「像飛鳥從高處連翩下降，難保富有」，說明上卦三爻都陰虛失實。「以誠相待，不必互相告誡」，因為這是大家內心共同的意願。

【解說】

「六四」已經超過「泰卦」的一半，原來的太平盛世將有所逆轉，所以用鳥輕盈飛翔，來比擬輕率冒進，不可能保有財富。「六四」以陰爻居陰位柔順得正，又與「初九」陰陽相應，所以能夠得到近鄰「六五」「上六」的信任，率領他們各自下降以應，「六五」和「九二」，「上六」和「九三」上下交濟，形成一派通泰之氣。

【智慧點津】此爻揭示保持安泰，應互幫互助、齊心協力。

【案例解讀】「螞蟻抱團過火海」的故事。一位老農上山開荒，山上長滿了茂密的雜草和荊棘。砍倒一叢荊棘時，老農發現荊條上有一個籮筐大的螞蟻窩。荊條倒，蟻窩破，無數螞蟻蜂擁而出。老農立即將砍下的雜草和荊棘圍成一圈，點燃了火。風吹火旺，螞蟻四散逃命，但無論逃到哪方，都被火牆擋住。螞蟻佔據的空間在火焰的吞噬下越縮越小，滅頂之災即將到來。可是，奇蹟發生了。火牆中突然冒出一個黑球，先是拳頭大，不斷有螞蟻黏上去，漸漸地變得籃球般大，地上的螞蟻已全部抱成一團，向烈火滾去。外層的螞蟻被燒得劈裏啪啦，但縮小後的蟻球竟越過火牆滾下山去，躲過了全體灰飛煙滅的災難。這個故事生動地說明「不戒以孚」，只有團結一致，才能渡過難關的道理。

11.8

六五：帝乙歸妹〔1〕，以祉（zhǐ），元吉〔2〕。

《象》曰：「以祉，元吉」，中以行願也。

【注釋】

〔1〕歸：嫁。妹：少女的通稱。

〔2〕祉：福澤。

【譯文】

六五：商代帝乙把女兒嫁給周文王，以此得到福澤，大吉大利。

《小象傳》說：「以此得到福澤，大吉大利」，因為「六五」以中道實現了與「九二」結合的意願。

【解說】

上爻互卦為震，震為雷，下爻互卦為兌，兌為澤，兩者合而觀之，交互卦為雷澤歸妹，故有「歸妹」之象。「六五」位尊而柔中，是泰卦的主體，又與下方剛健的「九二」相應，故能屈尊交下，像帝王下嫁貴女以配賢臣。兩者陰陽交泰遂願，可獲福澤，當然吉慶。

【智慧點津】此爻揭示保持安泰，更應當勵精圖治，選賢用能。

【案例解讀】<u>文成公主進藏</u>。公元 638 年，吐蕃的松贊干布派遣使者向唐朝皇帝求親，唐太宗答應把宗室女文成公主嫁給他。貞觀十五年（641），文成公主進入吐蕃，攜帶了大量的農書、史書、曆法等典籍，促進了吐蕃經濟、文化的發展，維護了邊境的長期穩定。文成公主能屈尊降貴，下嫁吐蕃，既推廣了中原文化，又播撒了漢藏友好的種子，這正如本爻爻辭所言「帝乙歸妹，以祉，元吉」。

11.9

上六：城覆於隍〔1〕，勿用師，自邑告命〔2〕，貞吝。

《象》曰：「城覆於隍」，其命亂也。

【注釋】

〔1〕覆：通「復」，倒塌。隍：城牆下的壕溝。

〔2〕邑：城邑，這裡指地方的封建國家。

【譯文】

上六：城牆倒塌在乾涸的護城壕溝裏，這時不可進行戰爭，要在自己的城邑中發布自行貶抑的文告，即使堅守正道也難免災禍。

《小象傳》說：「城牆倒塌在乾涸的護城壕溝裏」，說明國家的政令已陷入混亂。

【解說】

若「上六」發生爻變，那麼上卦坤就變為艮卦，艮為山，為停止，為門闕，故言「城覆於隍，勿用師」。艮卦卦形好像一隻倒扣的碗，或者某容器的蓋子，和覆的意境吻合，故說「覆」。下交互卦為兌，兌為澤，為口，所以說「隍」「告命」。上卦為坤卦，坤為地，為兵眾，所以又說「師」「邑」。「上六」已是泰卦的極點，盛極而衰的時刻，與下卦「九三」相應，大有天翻地覆、泰極否來之象。此時不可以興師動眾，否則會加速滅亡。

【智慧點津】此爻揭示居安不思危，則泰極而否來。

【案例解讀】<u>金山橋教育集團從輝煌到毀滅</u>。據搜狐網報導：金山橋教育集團位於江蘇徐州經濟開發區，從 1995 年創辦寄宿學校開始到 2004 年的 10 年時間裏，在各地辦起十餘所分校。「不做中國的哈佛，做世界的金山橋」，它在 1999 年至 2003 年連續多年成績驕人，在業內和市場都有良好的口碑。然而，它在快速擴張的同時，引起資金鏈的斷裂，讓其雪上加霜，徹底沉陷，可謂「城覆於隍」。

12. 否卦第十二——師生隔閡

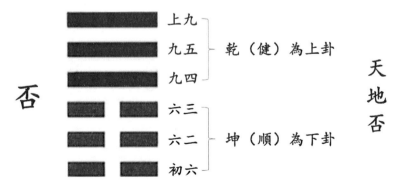

否

天地否

上九		
九五	乾（健）為上卦	
九四		
六三		
六二	坤（順）為下卦	
初六		

導讀：「天地不交而萬物不通。」美國教育家季洛特說：「教師的工作不僅僅是知識的傳授，更重要的是處理好複雜的人際關係。作為教師，必須要重視與學生的關係，要能奪得每個學生的心。」作為教育工作者，只有處理好與學生的關係，才能贏得他們的心，取得良好的教學效果。

卦體下坤上乾。乾為天、為陽、為大、為君子。坤為地、為陰、為小、為小人。陽氣輕揚上升而不下降，陰氣重濁下降而不上升，成天地隔絕閉塞之象。猶如君臣、官民上下阻隔，無法溝通，則邦國難以治理，天下必亂。「否」，《說文解字》中說：「不也。從口從不。」「否」，卦義為阻隔、閉塞、不善。本卦闡釋如何應對閉塞，消除隔閡的道理。

12.1

　　否〔1〕：否之匪〔2〕人，不利君子貞。大〔3〕往小〔4〕來。

【注釋】

　〔1〕否：卦名，意為閉塞。

　〔2〕匪：通「非」。

　〔3〕大：指乾陽，陽氣。

　〔4〕小：指坤陰，陰氣。

【譯文】

　　《否》卦象徵閉塞：在此狀況下，是沒有人道的，不利於君子堅守正道。此時陽氣往外升，陰氣向下降。

【解說】

　　「大往」是陽氣往外，「小來」是陰氣入內，即乾體陽爻上往而居外卦，坤體陰爻下來而居內卦，以致陰陽分割，天地不交，這就是否卦。天旋地轉，泰極而否，否極泰來。天地萬物相交，則世道昌盛。天地上下隔絕不通，則世道衰落。在此閉塞、黑暗之時，小人得勢，君子被排斥，此時君子即使堅守正道，也得不到任何利益。本卦是十二消息卦之一，代表陰長陽消的過程，有小人逐漸得勢，君子日益消退之象。因而，君子處此亂世，應該收斂鋒芒，韜光養晦。

12.2

　　《彖》曰：「否之匪人，不利君子貞，大往小來。」則是天地不交〔1〕而萬物不通也，上下不交而天下無邦也。內陰而外陽，內柔而外剛，內小人而外君子。小人道長，君子道消也。

【注釋】

　〔1〕天地不交：這是以否卦的卦象為說的。否卦下坤上乾，也就是內坤外乾。乾表

天，坤銇地，天上地下，故言「天地不交」。下文的下上、內外、陰陽、柔剛、小人君子等概念均由乾坤二卦而來。

【譯文】

《彖傳》說：「否塞不是人間正道，對於守正的君子不利，陽氣往外升，陰氣向下降。」以此為準，天地陰陽不交合萬物就不能暢通，君臣上下不能溝通，國家就會衰退滅亡。陰在內而陽在外，柔順者在內而剛健者在外，小人在內而君子在外。這說明小人得勢，其道盛長；君子失勢，其道消退。

12.3

《象》曰：天地不交，否。君子以儉德辟難〔1〕，不可榮以祿〔2〕。

【注釋】

〔1〕儉：收斂。辟：通「避」，躲避。

〔2〕榮：以……為榮耀。

【譯文】

《大象傳》說：天地陰陽二氣不相交，象徵著時世閉塞不通。君子效法此象，收斂才德以躲避災難，不能以謀求榮華富貴為榮。

【解說】

天地陰陽二氣不能交合，萬物生長不能得到通暢，有閉塞之象。教育工作者從中得到啟示，應當教育學生崇尚節儉，不能相互攀比，形成奢侈之風。

12.4

初六：拔茅茹〔1〕，以其匯〔2〕，貞吉，亨。

《象》曰：「拔茅貞吉」，志在君也。

【注釋】

〔1〕茅茹：根部相連的茅草。

〔2〕匯：類。

【譯文】

　　初六：拔起一把茅草，根系相連而並出，君子堅守正道，吉祥亨通。

　　《小象傳》說：「拔起一把茅草，堅守正道吉祥」，說明君子志在輔佐君王。

【解說】

　　下交互卦為艮，艮為手。下卦為坤，坤為眾。若「初六」發生爻變，則下卦變為震卦，震為草木。「初六」「六二」和「六三」都以陰爻相連接，故有「拔茅茹，以其匯」之象。「初六」以陰爻居陽位，質弱而妄動，然又處於上下否塞之初，陰陽相隔，不能通達。此時只有像「拔茅茹」一樣牽引「六二」「六三」靜以守正才能得吉。「初六」此時宜於心嚮明君，守正待時，為國效力，故「貞吉」。而泰卦「初九」志向在外，宜於健進不止，故「征吉」。

【智慧點津】此爻揭示在閉塞時期，君子應堅守正道，合力守時待命。

【案例解讀】「竹林七賢」。魏晉交替之際，司馬氏和曹氏爭奪天下，社會動盪不安，人民生活在水深火熱之中。這時的文人們不僅無法施展才華，而且時刻存在生命之憂。魏正始年間，嵇康、阮籍、山濤、向秀、劉伶、王戎及阮咸七人常聚在當時的山陽縣（今河南輝縣、修武一帶）竹林之下，肆意酣暢，用清談、飲酒、縱歌、佯狂等形式來排遣內心的苦悶，世稱「竹林七賢」。

12.5

　　六二：包承〔1〕，小人吉，大人否，亨。
　　《象》曰：「大人否，亨」，不亂群也。

【注釋】

　　〔1〕包承：包容、奉承。

【譯文】

　　六二：包容奉承，小人得吉，君子閉塞，可獲亨通。

　　《小象傳》說：「君子閉塞，可獲亨通」，因為他們不與小人為伍。

【解說】

　　卦體上乾下坤，天包容地，地承載天，故言「包承」。又本卦呈現三陰剝

陽之勢，小人道長，君子道消之象，故又言「小人吉，大人否」。「六二」以陰爻居於陰位，當位得正，上與「九五」剛中之君相應。在此否塞之時，它能以坤順阿諛奉承「九五」之君，對小人來說，無疑吉祥。對君子而言，絕不枉屈正道，只有不與小人成群結隊，潔身自好才能亨通。

【智慧點津】此爻揭示在閉塞時期，君子應隱忍自保以待機。

【案例解讀】<u>陶淵明辭官歸隱田園</u>。陶淵明，字元亮，又名潛，世稱「靖節先生」。他是東晉傑出的詩人、辭賦家、散文家，被譽為「田園詩派之鼻祖」。他雖然懷抱經世濟民的偉大志向，然而，他崇高的理想卻與當時社會政治的黑暗格格不入。在先後擔任江州祭酒、建威參軍、鎮軍參軍之後，他不願同流合污，「不為五斗米折腰」，最後，毅然辭去了彭澤縣令，回到家鄉過上了「採菊東籬下，悠然見南山」的田園生活。在隱居期間，他寫了大量膾炙人口的詩歌，對後世的詩歌發展產生了重要而深遠的影響，這正如爻辭所言「大人否，亨」。

12.6

六三：包羞〔1〕。
《象》曰：「包羞」，位不當也〔2〕。

【注釋】
〔1〕包羞：包容羞辱。
〔2〕位不當：「六三」是陰爻而居陽位。

【譯文】
六三：因包容而蒙受羞辱。
《小象傳》說：「因包容而蒙受羞辱」，說明「六三」居位不正。

【解說】
「六三」以陰爻居於陽位，不中不正，當處於否塞之世時，則不能守中正之道，而是陰謀傷害上卦的陽爻君子，並且急於向「上九」剛爻求應。但是「上九」是守正的正人君子，不願與之同流合污，所以「六三」只能自取其辱。

【智慧點津】此爻揭示在閉塞時期，小人不知羞恥，沒有好下場。

【案例解讀】畢振姬讓縣令「包羞」丟掉烏紗帽。清朝時，畢振姬曾任湖廣布政使，為官以清廉著稱。有一年，他拜祖返鄉，聽說高平當任縣令多徵糧稅，百姓怨聲載道。他聽說高平縣令要來見他，就特地讓家人做了準備。縣令來到畢府後，雙方寒暄了一番，上桌就宴，按照他的安排，家人很有秩序地端上了四個盤子：第一盤是紅棗，第二盤是黃梨，第三盤是蒸糕，第四盤是蘋果。縣令得知這是暗示自己「早離高平」，於是，回城不久，就帶著家眷溜走了，此實乃「包羞」之自討沒趣，自食其果。

12.7

九四：有命无咎〔1〕，疇離祉（zhǐ）〔2〕。
《象》曰：「有命无咎」，志行也。

【注釋】

〔1〕命：天命。

〔2〕疇：通「儔」，同類，眾多。這裡指下卦群陰。離：借為「麗」，附麗，依附。
　　祉：福。

【譯文】

　　九四：順應天命，消除閉塞，沒有災禍，大家志同道合，一起得福。

　　《小象傳》說：「順應天命，消除閉塞，沒有災禍」，說明濟否之志得以施行。

【解說】

　　上爻互卦為巽，巽為風，為天命，故言「有命」。下卦為坤，坤為眾多。上爻互卦巽又為木，為近利市三倍（在市場交易中獲得豐厚利潤），故說「疇離祉」。「九四」處於閉塞過半，將要轉為通泰之時，其柔中有剛，順應「天命」救世，當然沒有災禍。「九四」是陽爻，緊鄰下面三個陰爻，是他們共同依附的對象，陰爻自身無力扭轉否塞的局面，所以「九四」能主動承擔自己的使命，帶領他們志同道合，齊心協力，共同遵循天道濟否，一起得到福祉。

【智慧點津】此爻揭示在閉塞時期，君子應團結，順天濟否。

【案例解讀】國家高技術研究發展計劃（863 計劃）出臺。為了追趕世界先進水平，發展我國高新技術，1986 年 3 月，王大珩、王淦昌、楊嘉墀、陳芳允四位科學家向國家提出了「關於跟蹤研究外國戰略性高技術發展的建議」。黨中央、國務院在充分論證的基礎上，果斷決策，於當年 11 月啟動實施了該計劃，簡稱「863 計劃」。該計劃的實施，極大地提高了我國自主創新能力和國家綜合實力，為科教興國奠定了堅實的基礎，堪稱「有命无咎，疇離祉」。

12.8

九五：休否〔1〕，大人吉。其亡其亡，繫於苞桑〔2〕。
《象》曰：「大人之吉」，位正當也。

【注釋】

〔1〕休：停止。
〔2〕苞桑：桑木的根，糾結牽纏在一起，比喻堅韌牢固。

【譯文】

九五停止閉塞不通的局面，大人可以獲得吉祥。時常居安思危，才能像繫於桑樹叢上那樣牢固，安然無恙。

《小象傳》說：「大人可以獲得吉祥」，說明「九五」居位正當。

【解說】

下爻互卦為艮，艮為山、為止，在否卦，故言「休否」。若「九五」發生爻變，則上爻互卦變為坎，坎為險，故言「亡」。上爻互卦為巽，巽為風，為繩，為木，故有「繫於苞桑」之象。「九五」陽剛中正而居尊，值此否將轉泰之時，有位有德，可打消閉塞的氣運，重新恢復泰平。然而，此刻否境尚未擺脫，仍然潛伏著危險。因而，君子必須時刻保持警惕之心，才能如繫綁於叢生的桑樹般穩固不動。「君子安而不忘危，存而不忘亡，治而不忘亂，是以身安而國家可保也」，作為一名教師，只有常存憂患之心，才能讓自己

的職業生涯走得更遠。

【智慧點津】此爻揭示排除閉塞，君子應時刻戒慎恐懼。

【案例解讀】<u>蔡元培北大教育改革</u>。1917 年，蔡元培執掌北大之前，北大校內官僚主義和封建主義氣氛特別嚴重，校政腐敗，學風、教風、制度一塌糊塗。他就職北大之後，「不拘一格降人才」，倡導「兼容並包，思想自由」，推行「五育並舉」的教育方針，大刀闊斧地進行了一系列卓有成效的改革，使一座衰敗腐朽的封建學堂一躍成為中國首等學府。這正是蔡元培時常抱持「其亡其亡，繫於苞桑」的生動寫照。

12.9

上九：傾否〔1〕，先否後喜。

《象》曰：「否」終則「傾」，何可長也？

【注釋】

〔1〕傾：傾覆，傾倒。

【譯文】

上九：傾覆否塞的局面，起初閉塞不通，後來通泰喜悅。

《小象傳》說：「閉塞」到了極點必然要發生「傾覆」，怎麼可能長久不變呢？

【解說】

若「上九」發生爻變，則上卦變為兌卦，兌為毀折，為脫落，為喜悅，故有「傾否」和「喜悅」之象。「上九」以剛爻處否卦之終，否卦發展至極而傾覆，所以說「傾否」。傾覆在先，所以說「先否」。等到否塞的局面傾覆之後，轉為通泰，故說「後喜」。「上九」又兼居「乾」體之極，故具剛健勇猛，無堅不摧之力來濟否。物極必反，「先否後喜」，否極泰來，這是必然的自然法則。

【智慧點津】此爻揭示否極必泰來。

【案例解讀】<u>包瑞讓瓊中灣嶺學校「起死回生」</u>。據「文明海南」2020 年 1 月

7 日載：作為西北人，包瑞臨洮師範學校畢業後，常年堅守在鄉村偏遠學校。2016 年，他遠赴海南擔任瓊中黎族苗族自治縣灣嶺學校校長。初來乍到，學校校園雜草叢生，荒丘起伏，道路泥濘，校舍門窗破損，牆磚裸露，而且學校大量優質生源流失，教師以工代教、年齡老化現象嚴重。為了改變這種現狀，他積極爭取上級 4500 多萬元資金支持，派出教師多次赴外省或省內學習。同時，改變了學校實行多年的平均績效分配制度，制定並實行了「多勞多得、優績優酬」的績效分配制度。這些舉措使學校硬件發生了翻天覆地的變化，全面改善了學校的辦學條件，讓該校呈現出欣欣向榮的可喜景象。

13. 同人卦第十三──師生同心

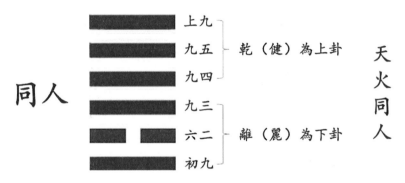

導讀：「人心齊，泰山移」，作為教育工作者，只有與學生同心同德，群策群力，才能共同完成教育教學任務。

卦體下離上乾。乾為天，離為日，有天日同明之象。又離為火，天體在上，火亦炎上，方向相同。本卦呈現一陰五陽之格局，「六二」唯一陰爻居下卦之中，為眾陽爻想要親附的對象。「九五」陽剛居中得位，「六二」陰柔居中得位，上下卦中爻剛柔相應，意味上下同心。「同」，本義為眾人在興樁夯地時齊聲喊號子，引申為會合。「同人」，卦義為聚集眾人，進而和同於人。本卦闡述團結同心之道。

13.1

同人：同人於野〔1〕，亨。利涉大川，利君子貞〔2〕。

【注釋】

〔1〕野：荒野，郊外。〔2〕貞：守正。

【譯文】

《同人》卦象徵與人團結同心：在偏僻的荒野和別人聚集，亨通。有利於渡過艱難險阻，有利於君子堅守正道。

【解說】

「野」，說明和同的廣度和寬度。「大道之行也，天下為公。」為了實現世界大同的理想，人們公而忘私，精誠團結，當然亨通無阻。君子內心「離」明外表「乾」健，以正道和大家同心同德，自然可以突破一切艱險，實現自己宏大的志向，所以說「利涉大川，利君子貞」。

13.2

《彖》曰：同人，柔得位得中〔1〕而應乎乾，曰同人。同人曰：「同人於野，亨，利涉大川。」乾行也。文明以健，中正而應〔2〕，君子正也。唯君子為能通天下之志。

【注釋】

〔1〕柔得位得中：指「六二」以陰爻居於陰位且處於下卦中位。

〔2〕文明以健，中正而應：指下卦為離，為文明。上卦為乾，為剛健。「六二」和「九五」彼此中正而又相應。

【譯文】

《彖傳》說：團結同心，「六二」以陰爻居於陰位且處於下卦中位，柔順中正，而與上卦乾剛「九五」中正之君相應，這就是同人卦。同人的卦辭說：「在偏僻的荒野和別人聚集，就會亨通，有利於渡過艱難險阻。」這是因為上卦乾的剛健發揮了作用。本卦下離上乾有文明剛健之象，「九五」和「六二」兩者行為中正而又彼此應和，這是君子遵循的正道。只有君子才能溝通天下人的意志，促成世界大同。

13.3

《象》曰：天與火，同人。君子以類族辨物〔1〕。

【注釋】

〔1〕類：區分。族：族類。

【譯文】

《大象傳》說：天和火相互親和，象徵著彼此志同道合。君子效法此象，因此區分物類，明辨事物異同。

【解說】

天體健行在上，火性也往上炎，彼此親和，有同心同德之象。教育工作者從中得到啟示，應該根據不同學生的興趣、資質等，將其劃分到不同社團，以對其因材施教，讓他們揚長避短。

13.4

初九：同人於門，无咎〔1〕。

《象》曰：「出門同人」，又誰咎也〔2〕？

【注釋】

〔1〕咎：災禍。

〔2〕誰「咎」：「咎」誰，責怪誰。

【譯文】

初九：「一出門便能與人和睦相處」，沒有什麼災禍。

《小象傳》說：「一出門便能與人和睦相處」，又有誰會來怪罪你呢？

【解說】

若「初九」發生爻變，則下卦變為艮卦，艮為止，和門靜止不動相同，故有「同人於門」之象。「初九」處於同人卦之始，象徵剛出家門就與人和睦相處。它以陽爻居陽位得正，與「九四」同性相斥，不相應，象徵中間沒有私情存在，與人交往公正與廣闊。「初九」又與「六二」比鄰，故剛出門兩人就不期而遇，這不是出於私意而主動求同，所以不會遭到責怪。

【智慧點津】此爻揭示和同應打破門戶之見。

【案例解讀】<u>春華學校取經仙源學校</u>。據搜狐網 2018 年 11 月 24 日報導：河

南省灄河區春華學校是信陽市優秀民辦學校，國學教育是其辦學特色。為了讓學校各項工作更上一層樓，11 月 21 日～22 日，該校一行四人慕名來到湖北省仙桃市仙源學校，就孝雅教育實踐進行參觀交流。這期間，他們實地參觀了該校班級文化、小學社團展示以及初中學生的激情跑操、旗語操等。座談會上，雙方就孝雅教育、傳統文化教育等方面進行了深入探討。此次仙源學校之行，堪稱「同人於門」，讓他們受益匪淺。

13.5

六二：同人於宗〔1〕，吝。
《象》曰：「同人於宗」，吝道也。

【注釋】

〔1〕宗：宗族，宗黨，這裡指相應的「九五」。

【譯文】

六二：只和宗族內部的人交好，必然會留下一些小的遺憾。

《小象傳》說「只和宗族內部的人交好」，這是引起遺憾的根源。

【解說】

「六二」以陰爻居陰位，既中且正，它本當和五個陽爻和同相親，但這裡獨與「九五」陰陽相應，表示只和同宗族內部的人交好，難免心繫私情，留下遺憾和災禍。同人之道追求天下大同、大公無私，只有避免結黨營私，這樣才會使事業不斷發展壯大。

【智慧點津】此爻揭示和同應排除小團體之私心。

【案例解讀】某校領導違規招生親戚當老師。據《湖南日報》2015 年 11 月 5 日報導：湘潭市工貿中專黨委書記劉某強，在負責該校 2014 年教師招聘工作中，違反組織紀律，對其親屬報考未按要求申請迴避，違反議事規則，致使其親屬在不符合報考資格的情況下通過資格審查。這種「同人於宗」、任人唯親的行為違反了社會的公平正義。

13.6

九三：伏戎於莽〔1〕，升其高陵〔2〕，三歲不興〔3〕。

《象》曰：「伏戎於莽」，敵剛也。「三歲不興」，安行也？

【注釋】

〔1〕伏：埋伏。戎：軍隊。莽：草叢。

〔2〕升：登上。陵：高地。

〔3〕三歲：泛指多年。興：興起。

【譯文】

九三：在草叢埋伏軍隊，又登上高地察看形勢，多年都不敢出兵打仗。

《小象傳》說「在草叢埋伏軍隊」，說明敵人力量強大。「多年都不敢出兵打仗」，怎麼能貿然行進呢？

【解說】

下卦為離，離為戈兵。下交互卦為巽，巽為順從，為草木，故說「伏戎於莽」。若「九三」發生爻變，則下交互卦為艮，艮為高山，為停止，故言「高陵」「不興」。「九三」以陽爻居陽位，過剛不中，欲與下方接近的「六二」交往。可是，「六二」與「九五」正應，為和同正道。「九三」又忌憚「九五」實力強大，所以不敢輕舉妄動，只好伏兵在草叢中，不斷地登上高處勘察軍情。由於理不直，氣不壯，力也不足，所以多年也不能出兵打仗，最終放棄冒險行動，從而避免了可能的災禍。

【智慧點津】此爻揭示和同應當知機識務。

【案例解讀】武漢為明高級中學「一年高考，三年備考」誓師大會。2019年4月13日，武漢為明高級中學高一級部在學校報告廳舉行了「一年高考，三年備考」誓師大會，以此激勵學生的昂揚鬥志。會後，該校又下發了「階段性目標計劃書」，讓學生真正積累、進步、跨越、圓夢。筆者認為，高考是一場持久戰，豈能沒有計劃，沒有組織，就倉促上陣？學子們平時在這三年裏埋頭學習，逐漸佔據考試至高點，可謂「伏戎於莽，升其高陵，三歲不興」。但

「養兵千日，用兵一時」，他們最後高考衝刺，是為了實現「三年」末尾的「大興」。

13.7

九四：乘其墉（yōng）〔1〕，弗克攻〔2〕，吉。

《象》曰：「乘其墉」，義弗克也。其「吉」，則困而反則也。

【注釋】

〔1〕墉：城牆。

〔2〕弗克：不能。

【譯文】

九四：登上城牆，又退下不進攻，吉祥。

《小象傳》說：「登上城牆」，是因為發現這種進攻是不仁義的。這樣做能獲得吉祥，是由於「九四」在困境時能及時醒悟，回歸正道。

【解說】

「九四」以陽爻居陰位，不中不正，它想與「六二」親和，卻被「九三」像牆一般隔開。於是，就登上高牆攻擊與「九五」爭奪。不過，「九四」自知無理且無義，實力上又不能戰勝「九五」，而能以柔濟剛，及時反省，回歸正道，放棄進攻，因而能在困境中獲得吉祥。

【智慧點津】此爻揭示和同代表正義，可以使人遷善改過。

【案例解讀】中學主動清退不合理費用。據新華網 2003 年 8 月 22 日載：今天成都市金牛實驗中學向初中三年級所有的學生主動退還了多收的補課費和雜費近 6 萬元。據該校辦公室主任張芸介紹，學校退還部分補課費的原因，在於成都市教育局等部門剛出臺的文件中對中學畢業班補課制定了「三限」原則，比照規定，這個學校發現初三年級的補課學時為 180 學時，比文件規定的上限超出 45 學時。17 日，學校經過研究決定：向初中三年級近 500 名學生退還 45 學時的補課費，每名學生平均退還 58.5 元。同時，這份文件規定：學校凡收了借讀費的就不允許再收雜費。遵照此規定，這個學校決定向全校

1500 餘名學生退還已收取的雜費，平均每人退 60 元。該校通過這次自查自糾活動，既維護了政府部門文件的權威性，做到了令行禁止，又知錯就改，在學生及其家長心目中樹立了良好形象，實乃「其吉，則困而反則也」。

13.8

九五：同人，先號咷而後笑[1]，大師克相遇[2]。
《象》曰：「同人」之「先」，以中直也。「大師相遇」，言相剋也。

【注釋】
〔1〕號咷：大哭大叫。
〔2〕大師：大軍。克：戰勝。

【譯文】
九五：與人和睦相處，開始號咷大哭，後來欣喜歡笑，大軍戰勝敵人而會師。

《小象傳》說：與人和睦相處，開始號咷大哭，說明這時內心中正誠信。「大軍會師」，說明「九五」戰爭獲勝。

【解說】
下交互卦為巽，巽為風，為哀號。若「九五」發生爻變，則上卦變為離卦，離為戈兵。上交互卦為兌，兌為喜悅，故有「先哭後笑、戰爭」之象。「九五」以陽爻居陽位剛健中正，本該與柔順中正的「六二」陰爻正應和同，但中間卻有兩個剛爻層層阻隔。「九三」埋伏兵在草叢中，「九四」登上高牆意欲進攻，兩者的共同目標都在奪取「六二」。「九五」不得和同，異常憤怒，起先「號咷」大哭。但最終取勝而與「六二」和同，所以破涕為笑。

【智慧點津】此爻揭示和同並非易事，必須付出艱苦的努力。

【案例解讀】於敏「百日會戰」鑄就氫彈爆炸。1967 年 6 月 17 日，我國成功地爆炸了第一顆氫彈，舉世震驚。然而，巨大成功的背後，離不開於敏和科研團隊艱辛的努力。1965 年 9～11 月，這一百多個日日夜夜，於敏經常半跪在地上分析堆積如山的計算紙，終於實現了氫彈原理的突破，形成了一套從

原理、材料到構型基本完整的物理方案，最終促成氫彈的爆炸，真可謂「先號咷而後笑，大師克相遇」。

13.9

上九：同人於郊〔1〕，無悔。
《象》曰：「同人於郊」，志未得也。

【注釋】

〔1〕郊：郊外，郊野。

【譯文】

上九：在荒郊與人和睦相處，沒有後悔。

《小象傳》說：「在荒郊與人和睦相處」，說明希望天下大同的願望沒有實現。

【解說】

乾為郊野。「上九」在本卦的最外面，乾卦之極，裏面與「六二」距離最遠，又和「九三」敵應，無人與他和同，所以說「同人於郊，志未得也」。古代國之外為郊，郊之外為野。「郊」，接近城市，說明和同的偏僻，沒有同人於「野」的曠遠無私。因而，和同難免有侷限性，所以說「上九」壯志未酬，但畢竟自己也在同人之列，當然也不會後悔。

【智慧點津】此爻揭示和同應結成廣泛的統一戰線，團結一切可以團結的力量。

【案例解讀】我國大力發展「老少邊窮」地區。「老少邊窮」地區是指革命老區，少數民族自治地區，陸地邊境地區和欠發達地區。為了改變其貧窮落後的面貌，我國正加大資金投入，同時，將更多的公共教育資源向他們和農村傾斜，促進教育公平，深化教育改革，提高農村各級各類教育質量，推動教育事業均衡發展、科學發展，讓他們能共享經濟發展的成果。目前，他們雖在經濟和教育等方面取得了顯著進步，但尚與發達地區存在一定距離，和人民群眾的期待仍有較大差距。這正如爻辭所言「同人於郊，志未得也」。

14. 大有卦第十四——富而不驕

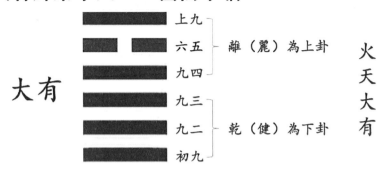

上九 ⎤
六五 ⎬ 離（麗）為上卦
九四 ⎦

九三 ⎤
九二 ⎬ 乾（健）為下卦
初九 ⎦

大有

火
天
大
有

導讀：春風化雨大地綠，桃李滿園碩果香。作為教育工作者，在取得非凡業績時，應低調內斂，富而不驕。

卦體下乾上離。離為火、為明，乾為天，呈火在天上，光明普照四方之象。又卦體「六五」一陰處尊位、君位，而上下五陽與之剛柔相應，有廣納兼容之象。「有」，本義是持有。「大有」，卦義為廣大包容，大豐收。本卦闡釋處富之道。

14.1

大有：元〔1〕亨〔2〕。

【注釋】

〔1〕元：盛大。

〔2〕亨：亨通。

【譯文】

《大有》卦象徵富有：非常亨通。

【解說】

依照《周易》體例，陽爻為大，陰爻為小。「大有」是大的所有，是富有且受擁戴的狀況，卦中指「六五」為上下五個陽爻所推崇，並擁有他們。本卦「六五」之君又居離卦中位，離為文明，具有光明德性，能夠柔順、謙虛，尚賢、任賢。因而，他能夠長保大有，非常光明亨通。

14.2

《彖》曰：大有，柔得尊位〔1〕大中，而上下應之，曰「大有」。其德剛健而文明〔2〕，應乎天而時行，是以「元亨」。

【注釋】

〔1〕柔得尊位：「六五」陰爻居於上卦尊位。

〔2〕其德剛健而文明：本卦下卦為「乾」，為剛健；上卦為「離」，為文明。

【譯文】

《彖傳》說：富有，「六五」陰爻居於上卦中位和尊位，而且上下五個陽爻與它應和，所以叫「大有」。君子的德性剛健而又文明，能順應天道而適時行事，所以說「非常亨通」。

14.3

《象》曰：火在天上，大有。君子以遏惡揚善〔1〕，順天休命〔2〕。

【注釋】

〔1〕遏：遏制。

〔2〕休：美好。

【譯文】

《大象傳》說：太陽普照萬物，象徵著大有收穫。君子受此啟發，要遏止邪惡，弘揚善德，順應天道，求得美好的命運。

【解說】

太陽照耀萬物，有富有盛大之象。教育工作者從中得到啟示，教育學生應當摒棄假醜惡，弘揚真善美，順應教育教學規律，完成肩上擔負的美好使命。

14.4

初九：無交害〔1〕，匪咎〔2〕；艱則无咎〔3〕。

《象》曰：大有「初九」，「無交害」也。

【注釋】

〔1〕交：交往。

〔2〕匪：通「非」，不是。

〔3〕咎：災禍。

【譯文】

初九：沒有因交往產生禍害，沒有災禍；要不忘艱難困苦，才能免除災禍。

《小象傳》說：大有卦的「初九」爻辭揭示，「沒有因交往產生禍害」。

【解說】

上卦為離，離為火，為戈兵，故有「交害」之象。「初九」以陽爻居陽位而得位，處於最下，象徵剛剛富有而地位低下的人。它既與本卦之主「六五」相距甚遠，又與位置相對的「九四」不能相應，均不相往來，所以沒有利害關係，產生禍害。人在富有之初，容易驕盈自滿，忘記艱難，得意忘形，胡亂交往，生命財產難以保全，因而只有在艱難中謹慎戒懼，才不會引起禍亂。

【智慧點津】此爻揭示富有之初應謹慎交往，不忘創業之艱難。

【案例解讀】董仲舒「目不窺園」。據《漢書·董仲舒傳》記載：儒學家董仲舒年少時讀書非常刻苦，經常夜以繼日，常常快到黎明前才睡。他的書房緊靠著姹紫嫣紅的花園，但他三年沒有進去，甚至連一眼都沒看過。有人勸他出去走走，不要老待在家裏讀書，他卻回答：「我不去玩，只顧讀書，就算我出去，也只是和其他人討論詩書。」後來他成為當時有名的思想家、政治家。「無交害，匪咎；艱則无咎」，由此可見一斑。

14.5

九二：大車以載〔1〕，有攸往〔2〕，无咎。

《象》曰：「大車以載」，積中不敗也〔3〕。

【注釋】

〔1〕大車：牛車。

〔2〕攸：所。

〔3〕積中：把貨物堆積在車中。

【譯文】

九二：用牛車裝載著財物，送到目的地，必然沒有什麼禍患。

《小象傳》說：「用牛車裝載著財物」，說明財物堆積車中，不會傾覆。

【解說】

　　若「九二」發生爻變，則下卦成為離卦，離為牛，牛可負重致遠，故有「大車以載」之象。「九二」與「六五」相應，故說「有攸往」。「九二」以陽爻居陰位失位，本身有咎，然而他畢竟是陽爻，有陽剛之才，在下卦得中，能中道而行；又與上卦「六五」相應，象徵得到信任，被委以大任，就像財物適度裝載在大車中，能夠穩健行駛，沒有災禍。

【智慧點津】此爻揭示堅守中正，大富無災。

【案例解讀】「上海市教育功臣」功不可沒。據《文匯報》2018 年 9 月 8 日報導：今年共評出 8 名「上海市教育功臣」，9 人榮獲提名。他們幾十年如一日奮鬥在教育戰線上，皆在教育教學、教育科研或教育管理工作中有重大創造、創新，作出卓越貢獻，並在全市、全國乃至國際上有較高知名度。他們在各自的崗位上兢兢業業，用愛和智慧點亮學生的人生，作出了不平凡的業績，堪稱「大車以載，有攸往」。

14.6

　　九三：公用亨於天子〔1〕，小人弗克。
　　《象》曰：「公用亨於天子」，小人害也。

【注釋】

　　〔1〕公：公侯，這裡指群臣。亨：通「享」，享獻，此指國宴。

【譯文】

　　九三：公侯得到天子宴請招待，小人不能擔當此任。
　　《小象傳》說：「公侯得到天子宴請招待」，小人若擔當重任，必有禍害。

【解說】

　　按照《周易》爻位體例，通常情況下，初爻為庶民之位，第「二」爻為大夫之位，第「三」爻為公卿之位，第「四」爻為諸侯之位，第「五」爻為君王

之位，最「上」一爻為宗廟之位。若「九三」發生爻變，則下卦變為兌卦，兌為口，引申為飲食，故有「公用亨於天子」之象。「九三」處在公侯之位，擁有巨大的權力和財富，這時，他要向「天子」做出物質上的貢獻和精神上的敬意，才能保持自己的財富和地位。如果小人居於此位，必然中飽私囊，誤國誤民，害人害己。

【智慧點津】此爻揭示富有而有地位者應該貢獻社會。

【案例解讀】<u>劉強東熱心社會公益</u>。劉強東是京東集團創始人、董事局主席兼首席執行官。他一直熱心社會公益，做慈善，享有良好的口碑。如他為家鄉宿遷捐贈上億元，為汶川捐款十幾萬，向中國傳媒大學捐贈 1000 萬元設立「京東新聞獎學金」，向母校中國人民大學捐贈 3 億元，2020 年武漢抗擊疫情期間，他又慷慨解囊，捐贈大量醫療設備和物質……這體現了一位企業家的責任擔當和社會價值，其本人榮膺多項殊榮，可謂「公用亨於天子」。

14.7

九四：匪其彭〔1〕，无咎。

《象》曰：「匪其彭，无咎」，明辨皙也〔2〕。

【注釋】

〔1〕彭：鼓聲，藉以形容盛大的樣子。

〔2〕皙：同「晰」，清晰。

【譯文】

九四：富有而不過盛，就沒有災禍。

《小象傳》說：「富有而不過盛，就沒有災禍」，這說明「九四」能夠明辨事理。

【解說】

若「九四」發生爻變，則上交互卦變為震卦，震為鼓，為動，故有「彭」之象。上卦為離，離為目，為明，「九四」處離明之初，所以又有「明皙」之象。「九四」在全卦六爻已經過中，象徵富有過盛；其接近「六五」君王，伴

君如伴虎。不過，它以陽爻居陰位，能夠謙遜明處，不以富有凌人，自我抑制，所以不會發生災禍。

【智慧點津】此爻揭示富有需克制。

【案例解讀】<u>曾國藩自裁湘軍不稱帝</u>。早在攻破天京的十年前，也就是咸豐四年（1854年），就有人對咸豐皇帝說：「曾國藩以侍郎在籍，猶匹夫耳。匹夫居閭里，一呼撅起，從之者萬餘人，恐非國家之福也。」聽完這話的咸豐帝脊樑骨直冒冷汗。但為了剿滅太平軍，清廷被迫任命曾國藩任兩江總督，督辦江南軍務。曾國藩精心組建湘軍，日夜操練，使湘軍戰鬥力非常強悍。1864年7月，湘軍攻陷天京，奪取滅亡太平天國首功。隨後，眾人勸他稱帝。但他自知功高震主之嫌，於是主動裁撤三十萬湘軍，以體現對朝廷的忠心。此舉，既保護了自己和家族的安全，又讓他被封為「太子太保」、「一等毅勇侯」。

14.8

六五：厥孚交如〔1〕，威如〔2〕，吉。

《象》曰：「厥孚交如」，信以發志也。「威如之吉」，易而無備也。

【注釋】

〔1〕厥：其。孚：誠信。交如：相交。

〔2〕威如：威嚴的樣子。

【譯文】

六五：上下誠信相交，威嚴自顯，吉祥。

《小象傳》說：「上下誠信相交」，這說明「六五」以自己的誠信來啟發他人的心志。「威嚴自顯的吉祥」，這是因為「六五」平易近人，別人不需防備。

【解說】

上卦為離，離為火，象徵著光明，引申為內心充滿誠信。「六五」處離，

離體中虛，與「九二」上下相應，故有「厥孚交如」之象。若「六五」發生爻變，則上卦變為乾卦，乾為君，君為威嚴，所以又有「威如」之象。「六五」是一卦之主，它以陰爻居於君位，柔而居中，五個陽爻都歸附於他。它位尊而懷柔，以誠信的態度與眾陽爻交往，使人感到平易而不戒懼，心悅誠服，「六五」的威信由此得以彰顯。「六五」既能以誠信待下，又不失威嚴，因此盛大而得吉。

【智慧點津】此爻揭示保持富有，應以誠信為本，恩威並濟。

【案例解讀】<u>全志敏：亦師亦友惹生愛</u>。據浙江新聞客戶端 2018 年 9 月 6 日報導：她是浙江省特級教師，1995 年大學畢業一年後到樂清市虹橋職業技術學校擔任計算機教師。工作伊始，她對學生寬嚴相濟，和他們相處模式為「亦師亦友」。師生時常一起參加各種文娛活動，每逢一些傳統節日，她都會帶著錫餅、粽子之類的食物，在寢室與大家分享。正是由於她秉承「教育要走進學生心裏」的理念，廣大學生都覺得「全老師對我們來說就和親人一樣」，「這種感覺讓人很親近」。這真是「厥孚交如，威如，吉」的生動典範。

14.9

上九：自天祐之〔1〕，吉，无不利。
《象》曰：大有「上」吉〔2〕，「自天祐」也。

【注釋】

〔1〕祐：通「佑」，指天神的佑助。

〔2〕上：指「上九」高居上位。

【譯文】

上九：得到來自上天的佑助，吉祥，沒有什麼不利。

《小象傳》說：大有卦「上九」的吉祥，是因為「來自上天的佑助」。

【解說】

「上九」居於大有卦之終，有富有至極之象。他以剛爻居於陰位，具有

剛明之德，能夠以陽從陰，以剛順柔，謙遜地輔佐「六五」光明之君。「日中則昃，月盈則食。」他又能富而不驕，慎終如始，順應天道，故可得「天助」，能長保富有。

【智慧點津】此爻揭示富有更應謙虛謹慎，滿而不溢。

【案例解讀】<u>牛頓因謙遜而多有建樹</u>。牛頓是英國著名物理學家。在力學上，他提出了牛頓運動定律；在光學上，他發明了反射望遠鏡；在數學上，他證明了廣義二項式定理；在經濟學上，他提出金本位制度……曾經有人問他：「你獲得成功的秘訣是什麼？」他回答說：「假如我看得遠些，那是因為我站在巨人的肩膀上。」

15. 謙卦第十五──謙虛受益

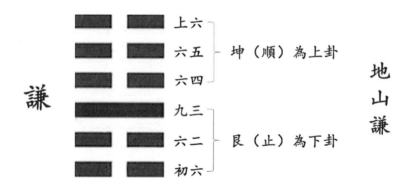

導讀：「飽滿的麥穗總低頭，枯萎的麥穗高仰臉」。作為教育工作者，只有謙遜謹慎、戒驕戒躁，才會日益「德藝雙馨」，成為人民滿意的「四有」好老師。

卦體下艮上坤。坤為地，艮為山，山在地底，有以高下卑，降己升人之象。又內卦「艮」象徵止，外卦「坤」象徵順，即內心知道抑止，外表柔順，均有謙虛之象。「謙卦六爻皆吉，恕字終身可行。」「謙」的本義是用言語表達對他人的恭敬。「謙」，卦義為謙遜、退讓。本卦闡述謙遜之道。

15.1

謙：亨，君子有終〔1〕。

【注釋】

〔1〕終：善終之終，自始至終。

【譯文】

《謙》卦象徵謙虛：亨通，君子能將謙虛的美德自始至終保持。

【解說】

下艮為山，為止，為終，故說「君子有終」。「滿招損，謙受益。」君子一生謙虛，既能長進學業，又能增益道德，還可以和諧人際關係、驅災避禍，所以說，謙虛會帶來亨通。

15.2

《彖》曰：謙，「亨」。天道下濟而光明，地道卑而上行。天道虧〔1〕盈而益謙，地道變盈而流謙，鬼神害盈而福謙，人道惡盈而好謙。謙尊而光，卑而不可逾〔2〕，君子之終也。

【注釋】

〔1〕虧：減損。

〔2〕逾：超越。

【譯文】

《彖傳》說：謙虛，「亨通」。天的法則是陽氣向下普照萬物而帶來光明，地的法則是陰氣居於低處而氣息向上蒸騰。天的法則是虧損那盈滿的，補益那虛缺的，地的法則是傾陷那盈滿的，流注那低窪的，鬼神的法則是侵害那盈滿的，福佑那謙虛的，人的法則是厭惡那盈滿的，喜歡那謙虛的。謙虛的人受人尊敬，品德高尚，謙卑者，無人可以超越，唯有君子才能得善終。

15.3

《象》曰：地中有山，謙。君子以裒（póu）多益寡〔1〕，稱物平施〔2〕。

【注釋】

〔1〕裒：減少。

〔2〕稱：權衡。平：公平。施：施予。

【譯文】

《大象傳》說：高山低藏於地中，象徵著謙虛。君子因此減損多餘的而

增益不足，權衡財物，公平分配。

【解說】

　　山本來是高聳於地面的，現在卻降到地下，有以高就卑之象。教育工作者從中得到啟示，應一視同仁，公平、公正地對待每一個學生，讓他們充分享有平等的教育資源，全面、和諧地發展。

15.4

　　初六：謙謙君子〔1〕，用涉大川，吉。
　　《象》曰：「謙謙君子」，卑以自牧也〔2〕。

【注釋】

　　〔1〕謙謙：非常謙虛。
　　〔2〕牧：原意為放牧，引申為管理，培養和約束。

【譯文】

　　初六：謙虛而又謙虛的君子，可以渡過一切艱難險阻，吉祥。
　　《小象傳》說：「謙虛而又謙虛的君子」，能夠以謙卑之道自我約束。

【解說】

　　上交互卦為震，震為木；下交互卦為坎，坎為水，木在水上，故有「用涉大川」之象。「初六」以柔爻居于謙卦之初，如同初涉世事的年輕人，容易鋒芒畢露，不知深淺，因而需要用「謙上加謙」加以勉勵。他又處于謙卦最底下，雖位卑但能恪守謙卑之道，即使前面遇到危難也會吉祥如意。

【智慧點津】此爻揭示謙虛品德應不斷修煉。

【案例解讀】季羨林「三辭桂冠」。季羨林曾任北大副校長，是著名文學家、史學家、教育家和社會活動家。晚年，各種榮譽接踵而至，「國學大師」「學界泰斗」「國寶」成了他的隨身標籤。為此，他忐忑不安，生前曾專門撰文「三辭桂冠」——一辭「國學大師」，二辭「學界泰斗」，三辭「國寶」。他謙虛地說自己永遠只是個雜家，雜牌軍，令人肅然起敬。

15.5

六二：鳴謙〔1〕，貞吉。

《象》曰：「鳴謙，貞吉」，中心得也〔2〕。

【注釋】

〔1〕鳴：有名，名聲在外。

〔2〕中心得：即「心得中」，心中獲得中正。

【譯文】

六二：謙虛的名聲遠播，堅守正道就可獲得吉祥。

《小象傳》說：「謙虛的名聲遠播，堅守正道就可獲得吉祥」，這是因為「六二」謙虛發自內心。

【解說】

上交互卦為震，震為雷聲，「六二」上臨震之主爻「九三」，故有「鳴謙」之象。「鳴謙」是謙虛得到共鳴。「六二」以陰爻居於陰位，在下卦中位，因而柔順中正，象徵謙虛的名聲廣揚於外，所以心懷中正吉祥。

【智慧點津】此爻揭示謙虛必須動機純正，才會引起共鳴。

【案例解讀】顧炎武虛懷若谷。顧炎武是明清之際的大學者、思想家，學識淵博，而且有謙虛之德。他經常對照別人檢查自己，發現自己的問題，認為在探索自然與人世，有堅忍不拔的精神方面，不如王錫闡；在刻苦讀書增長才幹並能夠探索深奧、洞察細微的東西方面，不如楊雪臣；在專門精研儒家三《禮》，成為具有高超見解的一代經師方面，不如張爾岐；在冷靜地自處於各家學說之外獨立思考以求更深見解方面，不如傅山；在艱苦條件下還能獨立攻讀、無師自成方面，不如李容；在能夠經歷各種艱難險阻、隨時適應環境變化方面，不如路安卿；在能夠博聞強識無所不知方面，不如吳任臣；在文章能夠雅正別人而又用心和善溫厚方面，不如朱彝尊；在好學不倦、又能忠誠於自己的朋友方面，不如王宏撰……正是由於他長期謙虛好學，善於取人之長，補己之短，才讓他日有所成，學有建樹，深受人們的敬仰。

15.6

九三：勞謙〔1〕，君子有終，吉。

《象》曰：「勞謙，君子」，萬民服也。

【注釋】

〔1〕勞：功勞。

【譯文】

九三：有功勞而又謙虛，君子能堅持到底，吉祥。

《小象傳》說：「有功勞而又始終謙虛的君子」，讓大眾都敬服。

【解說】

下交互卦為坎，坎為加憂，引申為辛勞和功勞；下卦為艮，艮為終止，故有「勞謙」和「有終」之象。「九三」是本卦唯一的陽爻，謙卦之主；他以陽爻居於陽位，當位得正，故而十分吉祥。又其身處「坎」中，被上下群陰所包圍，必定勞心勞力。「九三」此時肩負重任，身負眾望，惟有謙虛不怠，才可使萬民歸心。

【智慧點津】此爻揭示謙虛在不居功自傲，可獲善終。

【案例解讀】「勞謙君子」陶行知。陶行知是我國現代著名教育家。他留美歸來，不耽安逸，「捧著一顆心來，不帶半根草去」，大力推行平民教育，天天布衣草履，甘與普通百姓為伍，以超前的眼光提出了「生活即教育」，「六大解放」民主教學方法。同時，他作為救國會領袖人物，積極為革命而奔走吶喊，受到人們的尊敬和愛戴。他勞碌一生，為我國的教育事業作出了不可磨滅的貢獻，堪稱「萬民服」的「偉大的人民教育家」。

15.7

六四：无不利，撝謙〔1〕。

《象》曰：「无不利，撝謙」，不違則也〔2〕。

【注釋】

〔1〕撝：即「揮」，發揮。

〔2〕違：背離。

【譯文】

六四：發揚謙虛的美德，沒有什麼不利。

《小象傳》說：「發揚謙虛的美德，沒有什麼不利」，因為這樣做沒有違背法則。

【解說】

上交互卦為震，震為雷，為動，引申為發揮，故有「撝謙」之象。「六四」以陰爻居於陰位，柔順得正，又在上卦的最下位，象徵謙卑。然而，其雖處近君危懼之地，但由於能發揮謙讓的美德，所以沒有什麼不利。

【智慧點津】此爻揭示越謙虛越受益。

【案例解讀】白居易虛心請教改詩。據《冷齋夜話》載：「白樂天每作詩，令一老嫗解之，問曰：解否？嫗曰解，則錄之；不解，則易之。」其大意是說：白居易每寫一首新詩，要讓一個老婦人能夠理解。老婦人說理解了，他才定稿抄錄；如果老婦人說不理解，他就反覆進行修改，直到她能理解為止。正是由於白居易能長期虛心求教於廣大人民群眾，才使他的詩通俗易懂，為後人廣為傳誦。

15.8

六五：不富，以其鄰〔1〕，利用侵伐，无不利。

《象》曰：「利用侵伐」，征不服也。

【注釋】

〔1〕以：因為。鄰：「六四」和「上六」兩爻。

【譯文】

六五：不富有，是因為鄰國的緣故，有利於出兵討伐，沒有什麼不利。

《小象傳》說：「有利於出兵討伐」，是指征伐那些驕橫而不可一世的人。

【解說】

上卦為坤，坤為民眾，兵眾；上交互卦為震，震為行動，若「六五」發生爻變，則上交互卦震變為離卦，離為戈兵，故有「侵伐」之象。《周易》以陽爻為實、為富，以陰爻為虛、為貧。「六五」陰虛不富，但她柔順、謙虛，在至尊之位且得中，象徵以德服人，能夠廣泛地施謙於大眾。謙虛並非柔弱可欺，苟延殘喘，面對來自鄰國盜寇引起的貧窮，就必須用兵征伐，這是迫不得已的正義之舉。當然，無所不利。

【智慧點津】此爻揭示謙虛貴在以德服人，但對驕橫不服者可以征伐。

【案例解讀】<u>康熙平定「三藩」之亂</u>。「三藩」即平西王吳三桂、靖南王耿精忠和平南王尚之信。他們手握重兵，嚴重威脅著清朝的統治。1673年，康熙皇帝作出撤藩的決定。隨即，「三藩」發動叛亂，康熙帝集中兵力攻打吳三桂，而對其他反叛者卻實行招撫，通過分化力量而孤立吳三桂。1681年，清軍進入昆明，吳世璠自殺，「三藩」之亂最終被平定。

15.9

上六：鳴謙，利用行師〔1〕，征邑國〔2〕。

《象》曰：「鳴謙」，志未得也。「可用行師」，征邑國也。

【注釋】

〔1〕行師：出動軍隊。

〔2〕邑國：諸侯自己的封地。

【譯文】

上六：謙虛的名聲遠播，利於動用武力，征伐附近的小國。

《小象傳》說：「謙虛的名聲遠播」，但其安邦定國之志仍未實現，「可以動用武力」，征伐那些驕橫不順從的小國。

【解說】

本爻和「九三」相應，「九三」是上交互卦震主爻，震為動，故有「鳴謙」之象。又坤為國土，「六二」到「上六」五個爻組成師卦，師為戰爭，所以又

有「行師，征邑國」之象。「上六」以陰爻居於陰位，極端柔順，又處于謙卦最上，是謙讓之極，此時謙虛的名聲已經遠播。在這種情勢下，剷除那些驕橫跋扈的叛逆者，一味用謙道無濟於事，只有用兵征討。不過，「上六」此舉是先禮後兵，不得已而為之，所以又說「志未得也」。

【智慧點津】此爻揭示謙虛並非退讓，必要時可以動用武力。

【案例解讀】<u>周亞夫平定「七國之亂」</u>。周亞夫是西漢名將、丞相周勃的次子，以「細柳屯軍，治軍嚴明」而聞名。漢景帝時期，御史大夫晁錯提議削弱諸侯的勢力，加強中央集權。這時，吳王劉濞、楚王劉戊等七個劉姓宗室諸侯王以「清君側」為名，發動了叛亂。漢景帝任命周亞夫為太尉，負責征討。周亞夫統率大軍向東進攻力量最強盛的吳、楚兩國。他命令大軍堅守陣地，不准出擊，暗地裏卻派出一支精銳部隊，繞到後方，截斷其糧草供應。吳、楚兩軍大亂，周亞夫趁機發動進攻，很快將其主力一舉殲滅。其他各國的叛亂在三個月內就被鎮壓下去。

16. 豫卦第十六——課間娛樂

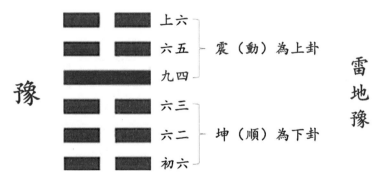

導讀：「遊戲是兒童最正當的行為，玩具是兒童的天使。」作為教育工作者，只有居安思危、未雨綢繆，才能有備無患，杜絕校園安全事故的發生。

卦體下坤上震。震為雷，為動，坤為地，為順，有雷依時出，雷出地奮之象。卦形惟有「九四」是陽爻，其他的陰爻都服從他，因而得志，心中喜悅。「豫」，本義指大象從容緩慢地踱步，引申為猶豫、豫備和逸豫等義，卦義主要取逸豫。本卦主要闡述樂不可極之道。

16.1

豫：利建侯〔1〕，行師〔2〕。

【注釋】

〔1〕建侯：建國封侯。

〔2〕行師：出兵打仗。

【譯文】

《豫》卦象征歡樂：有利於建國封侯，出兵打仗。

【解說】

本卦上卦「震」為諸侯、為行，下卦「坤」為大眾、為順。師即大眾，故說「利建侯行師」。以人事言，人人都樂於循理而動，必然可以建立公侯的基業，有利於用兵。

16.2

《彖》曰：豫，剛應而志行，順以動，豫。豫，順以動〔1〕，故天地如之，而況「建侯行師」乎？天地以順動，故日月不過，而四時不忒〔2〕。聖人以順動，則刑罰清而民服。豫之時義大矣哉！

【注釋】

〔1〕順以動：豫卦下卦為坤，為順，上卦為震，為動，故言「順以動」。

〔2〕忒：差錯。

【譯文】

《彖傳》說：豫卦，卦中「九四」陽爻和五個陰爻響應，因而得以實現志向，又能夠順應時機而行動，帶來歡樂。豫卦順應時機而行動，所以連天地的運行都是如此，更何況「建國封侯，出兵打仗」這些事呢？天地順應時機而行動，所以日月運行沒有差錯，四季循環沒有偏差。聖人順應時機而行動，所以刑罰公正而百姓悅服。豫卦所蘊含的順時而動的哲理，真是太偉大了！

16.3

《象》曰：雷出地奮，豫。先王以作樂崇德，殷薦之上帝〔1〕，以配祖考〔2〕。

【注釋】

〔1〕殷：盛大。薦：祭獻。

〔2〕配：配獻。祖考：祖先。

【譯文】

《大象傳》說：雷聲轟響，大地震動，象徵著歡樂。古代帝王效法此象，製作音樂來尊崇功德，用豐盛的祭品祭祀上帝和祖先。

【解說】

雷聲在大地上轟響，大地為之振奮，有歡樂之象。教育工作者從中得到啟示，廣泛開展各種文體活動，豐富學生課餘文化生活，讓他們快樂盡情地成長。

16.4

初六：鳴豫〔1〕，凶。

《象》曰：初六「鳴豫」，志窮凶也。

【注釋】

〔1〕豫：和樂。

【譯文】

初六：因歡樂而自鳴得意，必遭兇險。

《小象傳》說：初六爻「因歡樂而自鳴得意」，說明它享樂之志窮極，必遭兇險。

【解說】

「九四」為震卦主爻，震為雷，為動，「初六」和它陰陽相應，故有「鳴豫」之象。「初六」以陰爻居陽位失位不正，是個十足的小人，但他依仗上層與「九四」相應，能夠得到其支持和庇護，因而得意忘形，這樣必然會遭到兇險。

【智慧點津】此爻揭示歡樂不能得意忘形，否則樂極生悲。

【案例解讀】「熊孩子」放鞭炮炸井蓋。據網載：每年春節期間，都有一部分青少年因不明事理，缺乏父母監管，貪圖刺激好玩，把鞭炮丟進井蓋，引發沼氣爆炸，輕者僥倖脫身，重者丟掉性命。無數血的教訓，我們應引以為戒。

16.5

六二：介於石〔1〕，不終日，貞吉。

《象》曰：「不終日，貞吉」，以中正也。

【注釋】

〔1〕介：堅。於：如。

【譯文】

六二：品行堅貞如磐石不可動搖，適度歡樂，不超過一整天，堅守正道吉祥。

《小象傳》說：「適度歡樂，不超過一整天，堅守正道吉祥」，這是因為「六二」能居中守正。

【解說】

下交互卦為艮，艮為山、為石。若「六二」發生爻變，則下交互卦艮變成離卦，離為日，此離消失，故有「不終日」之象。「六二」以陰爻居陰位，居中得正，又無應無比，象徵他具有耿介如石的意志，能夠歡樂適可而止，而不像上下各爻都沉溺於歡樂而不可自拔，因而可獲得吉祥。

【智慧點津】此爻揭示居安應中正自守，警鐘長鳴。

【案例解讀】「溫水煮青蛙」的故事。它來源於19世紀末美國康奈爾大學科學家做過的一個「水煮青蛙實驗」。一天，科學家突發奇想，將一個活生生的青蛙投入已經煮沸的開水中，這突如其來的高溫刺激，使青蛙承受不了，立即奮力從開水中跳了出來，得以成功逃生。當科學家再度把青蛙先放入裝著溫水的容器中，然後慢慢加熱，結果就不一樣了。青蛙開始時因為水溫舒適

而在水中悠然自得。當水溫逐漸升高到青蛙發現無法忍受的高溫時，已經心有餘而力不足了，不知不覺被煮死在熱水中。這個故事告訴我們：太舒適的環境往往蘊含著危險，在優越的環境中也要時刻保持警惕。

16.6

六三：盱（xū）豫，悔[1]。遲有悔。

《象》曰：「盱豫有悔」，位不當也。

【注釋】

〔1〕盱：仰視。

【譯文】

六三：媚上求歡將有悔恨。如果醒悟太遲更增悔恨。

《小象傳》說：「媚上求歡將有悔恨」，這是由於「六三」居位不恰當。

【解說】

《說文解字》說：「艮，很也。從匕目。匕目，猶目相匕，不相下也。」下交互卦為艮卦，艮引申為眼睛，故有「盱」之象。「六三」以陰爻居於陽位，不中不正，象徵不正派的小人。又上接這一卦的主體「九四」，因而，仰視它的臉色，諂媚討好，自己得到安樂。然而，「常在河邊走，哪有不濕鞋」，所以，「六三」必須立即悔改，否則悔之莫及。

【智慧點津】此爻揭示安樂不可苟求，應來自正當。

【案例解讀】全某畢業證被撤銷。據《經濟日報》2020 年 6 月 12 日報導：5 月中旬，全某在直播中自爆曾在高考時將往屆生身份修改為應屆生身份，並參加高考最終被中央戲劇學院錄取。5 月 29 日晚，教育部獲悉後，立即要求山西省教育廳、有關高校和中學開展調查。經調查核實，全某以偽造應屆生身份，於 2013 年參加了解放軍藝術學院、中央戲劇學院、天津音樂學院等高校的專業課考試，並參加了當年高考，填報志願時，全某填報了中央戲劇學院和天津音樂學院，最終被中央戲劇學院歌劇表演專業錄取。「樂不可極，極樂成哀；欲不可縱，縱慾成災。」最後，全某的畢業證被依法依規取消，其他

相關責任人也受到了嚴肅的處理。

16.7

九四：由豫〔1〕，大有得。勿疑，朋盍簪（hé zān）〔2〕。

《象》曰：「由豫，大有得」，志大行也。

【注釋】

〔1〕由：由於。

〔2〕盍：通「合」，會合。簪：用來束髮的一種首飾。

【譯文】

九四：人們靠他得到歡樂，大有所獲。毋庸置疑，朋友們會像頭髮匯聚於簪子一樣，積聚在他周圍。

《小象傳》說：「人們靠他得到歡樂，大有所獲」，表明「九四」的志向可以充分實現。

【解說】

上交互卦為坎，坎為加憂，為心病；同時，下交互卦為艮，艮為停止、阻止，故說「勿疑」。若「九四」發生爻變，則全卦變為坤，坤為眾多，可引申為朋友。群陰如同頭髮，「九四」如同髮簪，統領他們，故有「大有得，朋盍簪」之象。它是本卦中惟一的陽爻，是重臣和主爻，得到上下眾陰爻的呼應和悅服，成為朋友，所以大有所得。它又以陽爻居於陰位失正，難免功高震主讓人猜疑。不過，只要其心懷誠信，致君澤民，必會與民同樂，得道多助。

【智慧點津】此爻揭示施樂於人必大有所獲。

【案例解讀】章紅豔：「快樂琵琶夏令營」。據《北京娛樂信報》2017 年 7 月 3 日報導：章紅豔是著名琵琶演奏家、教育家，中央音樂學院教授、博士生導師。五年來，她甘做孩子王，在「打開藝術之門」之「快樂琵琶夏令營」公益活動中，堅持不懈地為孩子們奉獻著愛心，陪伴著他們快樂地度過三天暑假。「獨樂樂不如眾樂樂」，正如她所說「我的夏令營叫做快樂夏令營，每

當看到孩子們的點滴進步，看到他們歡樂的笑臉，我們也收穫了無窮無盡的快樂」。

16.8

六五：貞疾，恒不死。

《象》曰：「六五貞疾」，乘剛也〔1〕。「恒不死」，中未亡也。

【注釋】

〔1〕乘剛：欺凌，指「六五」陰爻在「九四」陽爻之上。

【譯文】

六五：占問疾病，將病很久卻長壽不死。

《小象傳》說：「六五占卜有關疾病」，是因為它凌駕於「九四」陽剛之上。「長壽不死」，說明它居中守正，就不會滅亡。

【解說】

上交互卦為坎，坎為加憂，為心病。震為復出、返生，故有「貞疾，恒不死」之象。「六五」陰柔居於至尊之位，既得到「九四」大臣的鼎力輔佐，又受到它的牽制與壓力，不能為所欲為。「六五」柔弱無力，沉溺聲色犬馬而難自拔，下方又有強臣「九四」威逼，所以情勢危險，像是得重病的人。不過，「六五」在上卦的中位，能夠克制自己的驕奢之欲，善用中道，聽從「九四」的勸諫，還沒有喪失權威，不致迅速滅亡。

【智慧點津】此爻揭示居安思危，可避免滅亡。

【案例解讀】葉志平未雨綢繆修補危樓。葉志平是綿陽市安縣桑棗中學校長。自從履職後，他就對學校新建的教學實驗樓憂心忡忡。因為這座大樓存在許多安全隱患：樓梯欄杆鬆動搖晃，牆縫裏填充的是以次充好的水泥紙袋，大樓的承重柱子也達不到教學樓的安全標準。這樣的危樓華而不實，年長日久隨時會有開裂坍塌的風險。然而，學校經費有限，危樓不能拆，那就只有「補」。所以，從 1997 年起，他連續幾年對這棟樓的 16 個教室逐步進行了加固、修

葺。所幸，2008 年汶川地震來臨時，其他房屋大多受損慘重，而這座教學樓竟然安然無恙。

16.9

　　上六：冥豫〔1〕，成有渝〔2〕，无咎。

　　《象》曰：「冥豫」在上，何可長也？

【注釋】

　〔1〕冥：黑暗、昏昧。

　〔2〕成：終。渝：變。

【譯文】

　　上六：昏昧沉溺於歡樂之中，但只要能及時改正，仍然可以免禍。

　　《小象傳》說：「昏昧沉溺於歡樂到極點」，這樣的歡樂怎麼能保持長久呢？

【解說】

　　「上六」以陰爻居於陰位，處於豫卦之終，象徵沉溺在歡樂之中，故有「冥豫」之象。然而，它又位於震體的終極，震為動，引申為改變，故又有「成有渝」之象。「上六」樂極生悲，離災禍已經不遠。不過，它只要迷途知返，仍然能夠「浪子回頭金不換」，免除禍患。

【智慧點津】此爻揭示樂極生悲，應改惡趨善，才可以長保安康。

【案例解讀】李白「鐵杵磨成針」的故事。李白是唐代的大詩人，少年時一直喜歡劍術，尚義任俠，到處遊山玩水，不知上進。有一次，他把書讀到一半就扔到地上出去玩，忽然看見一個老婦人正拿著一根大鐵棒在石頭上磨，他感到十分好奇，於是問老婦人磨鐵棒做什麼。老婦人告訴李白要將鐵棒磨成繡花針，只要天天磨，總能越磨越細，最後一定會成功。李白聽後深受感動，從此，他改變放浪的行徑，用功讀書，終於成為著名的「詩仙」。

17. 隨卦第十七——擇善而從

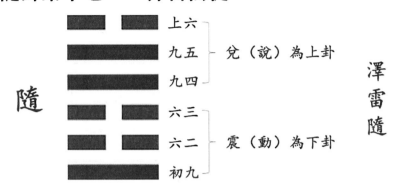

```
┌───────┐  ┌───────┐   上六 ┐
├───────────────────┤   九五 │ 兌（說）為上卦      澤
├───────────────────┤   九四 ┘                    雷
隨  ┌───────┐  ┌───────┐   六三 ┐                 隨
├───────┐  ┌───────┤   六二 │ 震（動）為下卦
├───────────────────┤   初九 ┘
```

導讀：「三人行，必有我師焉；擇其善者而從之，其不善者而改之。」作為教育工作者，只有追求真善美，才能讓自己成為有理想信念、有道德情操、有紮實學識、有仁愛之心的「四有」好老師，也才能教出有理想、有道德、有文化、有紀律的「四有」好學生。

卦體下震上兌。兌為澤、為悅，震為雷、為動，震處兌下，有澤隨雷動，動而喜悅，樂於相隨之象。「隨」，《說文解字》中說：「從也。」《隨》，卦義為跟從、相隨。本卦主要闡釋擇善而從之道。

17.1

　　隨：元〔1〕亨，利貞〔2〕，无咎〔3〕。

【注釋】

〔1〕元：盛大，非常。

〔2〕貞：守正。

〔3〕咎：災禍。

【譯文】

　　《隨》卦象徵隨從：非常亨通，有利於堅守正道，沒有災禍。

【解說】

　　隨從之道在謙恭下士，只有你先追隨他人，然後，他人才會樂於隨從自己，彼此相互協作，互相贊同、順從，故卦辭說「元亨」。但是追隨他人必須遵守正道，依時順勢，擇善而從，才會遠離災禍。

17.2

《彖》曰：隨，剛來而下柔〔1〕，動而說〔2〕，隨。大亨，貞，无咎，而天下隨時。隨時之義大矣哉！

【注釋】

〔1〕剛來而下柔：隨上卦兌為陰卦，為柔。下卦震為陽卦，為剛。「震」在「兌」下，故言「剛來而下柔」。另外，震卦和兌卦都是陽爻在陰爻之下，也是「剛來而下柔」。

〔2〕動而說：隨卦下卦為震，震為動。上卦為兌，兌為悅（「說」通「悅」），故言「動而說」。

【譯文】

《彖傳》說：隨從，陽剛能前來謙卑居於陰柔之下（或者說三個陽爻都在三個陰爻之下），有所行動一定會使人喜悅，這就是隨卦。至為亨通，堅守正道，沒有災禍，天下萬事都在適時而行，隨卦的時機和意義真是偉大啊！

17.3

《象》曰：澤中有雷，隨。君子以向晦入宴息〔1〕。

【注釋】

〔1〕向：接近。晦：日落，夜晚。宴息：安息，休息。

【譯文】

《大象傳》說：雷潛藏於湖澤深處休息，這是隨卦的象。君子效法此象，隨時作息，白天出去忙碌，夜晚就回家休息。

【解說】

「澤中有雷」即指雷在仲秋潛藏。據《禮記·月令》記載：「仲春，雷乃發聲；仲秋，雷始收聲。」隨卦的卦象是澤水中有雷聲，澤水隨著雷震而動。教育工作者從中得到啟示，教育觀念、教學方式和教學方法要不斷與時俱進，課堂上要隨機應變，才能緊跟時代發展的步伐。

17.4

初九：官有渝〔1〕，貞吉。出門交有功〔2〕。

《象》曰：「官有渝」，從正吉也。「出門交有功」，不失也。

【注釋】

〔1〕官：官吏，官職。渝：改變。

〔2〕交：交往。

【譯文】

初九：官職有變動，堅守正道吉祥。出門與人交往能獲成功。

《小象傳》說：「官職有變動」，堅守正道吉祥。「出門與人交往能獲成功」，是因為沒有迷失正道。

【解說】

下卦是震，震為動，為足。下交互卦為艮，艮為門，故有「渝」和「出門」之象。「初九」以陽爻居陽位當位得正，與「九四」敵應而無私係，當隨之時，能堅守正道。「初九」又是下卦「震」的主體，它先屈尊追隨「六二」，然後「六二」才會追隨它。以人事比擬，當官職有變動時，有時自己的思想就不得不變通，但仍然要堅守正道，才會吉祥。此時，應當走出門外，廣泛與人交往，以群眾利益為依歸，才會有功效。

【智慧點津】此爻揭示追隨應守正，變通而不違背原則。

【案例解讀】教育部調整和完善「課後延時服務」政策。據騰訊網 2021 年 6 月 28 日報導：早在 2017 年，教育部就印發了《關於做好中小學生課後服務工作的指導意見》，要求充分發揮中小學校課後服務主渠道作用。經過各地前期試點，今年教育部再次下發通知，要求推動課後服務全覆蓋，確保城區義務教育學校全覆蓋，有需求的學生全覆蓋；課後服務結束時間原則上不早於當地普通的正常下班時間後半小時；課後服務質量必須進一步提高，切實解決好家長接送學生的困難問題。此舉獲得廣大家長的支持和讚譽，堪稱「官有渝，貞吉。出門交有功」。

17.5

六二：係小子﹝1﹞，失丈夫﹝2﹞。

《象》曰：「係小子」，弗兼與也。

【注釋】

〔1〕小子：指年輕人「初九」。

〔2〕丈夫：指成年人「九五」。

【譯文】

六二：追隨了下面的年輕人，卻失去了上面的大丈夫。

《小象傳》說：「追隨了下面的年輕人」，說明「六二」不能同時兼顧親隨。

【解說】

上交互卦為巽，巽為風，為繩直；「初九」位卑為小子，「九五」位尊為丈夫，「六二」近「初」而遠「五」，故有「係小子，失丈夫」之象。「六二」以陰爻居於陰位得正，但在隨之時陰柔不能獨立自主，必須追隨於陽剛。它上與「九五」大丈夫陰陽相應，下和「初九」年輕人近鄰相比，但兩者不可兼顧，於是貪利就近選擇了「初九」。隨中有捨，有些無賴，但目光短淺，捨本逐末，有百害而無一利。

【智慧點津】此爻揭示追隨不可貪圖近利，因小失大。

【案例解讀】「槍手」張某貪小利得不償失。據澎湃新聞 2017 年 6 月 5 日報導：「考上普通本科給 4 萬元，考上重點本科給 8 萬元。」在巨大誘惑面前，張某鋌而走險，經人介紹，在長春某中學考點代替一名考生參加 2016 年的高考。上午考語文，他蒙混過關。下午考數學時，他被監考老師當場抓獲並帶到公安機關。最後，法院綜合考慮張某如實供述犯罪事實等坦白情節，判決其犯代替考試罪，免予刑事處罰。這真所謂「撿了芝麻，丟了西瓜」。

17.6

六三：係丈夫﹝1﹞，失小子﹝2﹞。隨有求得，利居貞。

《象》曰：「係丈夫」，志舍下也﹝3﹞。

【注釋】

〔1〕丈夫：指「九四」。

〔2〕小子：指「初九」。

〔3〕下：指「初九」。

【譯文】

六三：追隨了上面的大丈夫，失去了下面的年輕人。隨從於人有求必得，利於安居守正。

《小象傳》說：「追隨了上面的大丈夫」，說明「六三」意在捨棄下面的年輕人。

【解說】

「九四」位尊為丈夫，「初九」位卑為小子，「六三」近「四」而遠「初」，故有「係丈夫，失小子」之象。下交互卦為艮，艮為山，為堅守，所以又有「居貞」之象。「六三」與「上六」無應，就依附靠近的陽爻「九四」，而捨棄下方的陽爻「初九」。「九四」陽剛，象徵有實權的大臣，所以，「六三」追隨他，「隨有求得」。但「九四」以陽爻居於陰位，「六三」以陰爻居於陽位，兩者都不中不正，難免有趨炎附勢之嫌，因而爻辭戒以「利居貞」，否則前景恐怕不妙。

【智慧點津】此爻揭示追隨應端正動機，選擇德才勝己者。

【案例解讀】周浩北大轉讀技校人生「開掛」。2008年，他以青海省高考理科660分的高分考入北京大學。然而，就讀的生命科學專業與自己的願望背道而馳。絕望之際，他選擇休學一年，隨後，他又做出一個令大眾震驚的決定：他要從北大退學，去北京工業技師學院就讀。由於對機械的無比熱愛，在校期間，他刻苦鑽研，勤學好問，很快就成為學校裏最優秀的學生之一。2014年（在校期間），他獲得全國第六屆數控技能大賽冠軍。2018年，第一屆全國技工院校教師職業能力大賽中，他又斬獲機械類一等獎。此後，他在機械領域多次獲得國家級大獎。「毫不後悔，很慶幸」，在技校他找到了自己人生的方向和價值，實乃「係丈夫，失小子，隨有求得」。

17.7

九四：隨有獲〔1〕，貞凶。有孚在道〔2〕，以明〔3〕，何咎？

《象》曰：「隨有獲」，其義凶也。「有孚在道」，明功也。

【注釋】

〔1〕隨有獲：指「六三」追隨「九四」，而「九四」有所收穫。

〔2〕孚：誠信。道：正道。

〔3〕以：因為。明：心地光明。

【譯文】

九四：被眾人追隨必有收穫，要守正以防凶。心懷誠信，合乎正道，做事光明磊落，還有什麼災禍呢？

《小象傳》說：「被眾人追隨必有收穫」，這從義理上看是兇險的。「心懷誠信，合乎正道」，這是做事光明磊落的功效。

【解說】

上交互卦為巽，巽為木，為近利市三倍。又「九四」係「六三」，而得其所隨，故有「隨有獲」之象。「初九」至「九四」構成大離卦，離為火，為日，象徵光明，內心光明即為「有孚」。下卦為震卦，震為大途，下交互卦為艮，艮為小徑，所以又有「有孚在道，以明」之象。「九四」處於「九五」之君之下，是一位強盛的賢臣，但它以陽爻居於陰位失正，又有「六三」追隨，難免有功高震主之嫌。不過，它只要心懷誠信，不背離正道，光明磊落，就不會有任何災禍。

【智慧點津】此爻揭示被人追隨應守正防凶。

【案例解讀】副校長在徵訂教輔資料中拿回扣一審獲刑5年半。據上游新聞2021年5月6日報導：日前，南川某中學黨委書記、副校長馮某因利用分管教學工作、負責徵訂教輔資料及教師管理工作的職務便利，收受他人賄賂131萬餘元，為他人謀取利益，一審被南川區法院判處有期徒刑五年六個月，並處罰金三十萬元。判決書中載明，南川區一書城老闆鄧某為了能向某中學銷售教輔資料盈利，找到時任某中學黨委書記兼副校長的馮某，承諾向馮支付回扣的方式，讓他幫其在該校銷售教輔資料。後二人商量好後，告知了該書城南平店員工王某（另案處理），由王某按照定價的8折向某中學收取教輔資料款。2015年3月至2019年9月，鄧某在馮某的幫助下，該書城向某中學

銷售了九個學期教輔資料，王某按約定支付給馮某回扣人民幣 127 萬餘元。馮某從中分給王某，還以支付辛苦費名義分給年級老師部分費用後，個人實際獲得人民幣 74 萬元。「權為民所用，情為民所繫，利為民所謀」，該校長不能端身正己，最後鋃鐺入獄，實乃其咎由自取。

17.8

九五：孚於嘉〔1〕，吉。

《象》曰：「孚於嘉，吉」，位正中也。

【注釋】

〔1〕孚：誠信。嘉：善。

【譯文】

九五：真誠地追隨於嘉言善行，吉祥。

《小象傳》說：「真誠地追隨於嘉言善行，吉祥」，這是因為「九五」居位中正。

【解說】

上卦為兌，兌為悅，為羊，和嘉為美、善之意吻合，故有「嘉」之象。「九五」以陽爻居於陽位處尊得正，為眾爻之隨主。它既能以誠信剛中之德遵循善道，從善如流，又能和「六二」上下中正相應，象徵君臣善與善隨和，當然可以信賴，非常吉祥了。

【智慧點津】此爻揭示追隨應當擇善而從。

【案例解讀】唐楚玥狀元分享高考學習心得。唐楚玥畢業於湖北省華中師範大學第一附屬中學，2020 年以理科總分 725 的高分考進北京大學。在 2021 年高考即將到來之際，她受母校邀請，寫了一篇《高中三年生活之法》。其間，她建議學弟、學妹學習既要定位清晰，積極主動，還要把備考的注意力放在自己身上。此外，她還多次參與編寫母校學霸筆記，並且總結了一套 24 字複習備考之法。如（1）歸納整理、（2）發現問題、（3）不懂要問、（4）勞逸結合、（5）保持心態、（6）樹立目標。這對很多高中生來說，將是一個非常好的

借鑒和參考，可以讓他們少走很多彎路。

17.9

上六：拘繫之〔1〕，乃從維之〔2〕。王用亨於西山〔3〕。

《象》曰：「拘繫之」，上窮也。

【注釋】

〔1〕拘繫：束縛。

〔2〕從：同「縱」，釋放。維：捆綁。「從維」，解除拘繫。

〔3〕王：周文王。亨：同「享」，祭祀。西山：指在周都西方的岐山。

【譯文】

上六：先拘禁束縛他，然後放掉他。周文王在岐山祭天，以感天動地。

《小象傳》說：「先拘禁束縛他」，說明隨從之道已經發展到窮途末路了。

【解說】

下交互卦為巽，巽為繩直，故有「繫」和「維」之象。又上卦為兌，兌為口，為西方，為羊，代表受祭者有口福，下交互卦為艮，艮為山，若「上六」發生爻變，則上卦變為乾卦，乾為君王，所以又有「王用亨於西山」之象。「上六」以陰柔居於隨卦之極，又乘剛無應，此時由「隨」變為「不隨」，路困途窮，於是就被「九五」「九四」重重束縛，難以擺脫。但隨不可強迫，所以周文王用祭祀西山的至誠來感化他。

【智慧點津】此爻揭示無所追隨時，應以誠信感化固結其心。

【案例解讀】滕敏教育桀驁不馴的唐某某。滕敏是武漢市經濟開發區第一初級中學英語教師，武漢市「十佳班主任」候選人。她班上有一名桀驁不馴的男生唐某某，學習成績差，自卑、孤僻，經常和老師頂嘴，和同學們抬槓。經過調查，她發現其父母離異，目前由爺爺奶奶代管。為了轉化他，在學習上，滕老師經常詢問其困惑，幫他分析原因，鼓勵他進步；在思想上，滕老師時常與他促膝談心，解除其疙瘩。與此同時，滕老師還及時發現其點滴特長，並多次在班級中高調表揚，以增強其信心。工夫不負有心人，經過三個月的

努力，唐某某便和同學們打成一片，學習成績亦有了明顯提高。

18. 蠱卦第十八——校園除弊

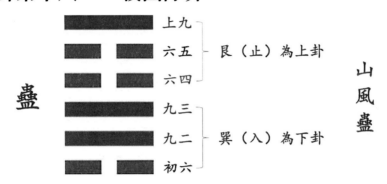

導讀：「器久不用而蟲生之，謂之蠱。人久宴溺而疾生之，謂之蠱。天下久安無為而弊生之，謂之蠱。」作為教育工作者，要倡導健康的生活情趣，保持高尚的精神追求，自覺抵制、糾正各種不良風氣，打造風清氣正的教學環境。

卦體下巽上艮。艮為山，巽為風，山下有風，物皆散亂，流通不暢。又巽為長女，艮為少男，有「女惑男」之象。「蠱」，本義為養在器皿中的毒蟲，引申為弊端、多事、混亂。本卦主要闡述如何整治積弊的道理。

18.1

蠱：元[1]亨，利涉大川。先甲三日，後甲三日[2]。

【注釋】

〔1〕元：盛大，非常。

〔2〕先甲三日，後甲三曰：甲是十天干之首，象徵事情的開始，甲的前三日是「辛」（辛壬癸），同「新」，有自新之意；甲的後三日為「丁」（乙、丙、丁），與「叮嚀」的「叮」諧音，有叮囑之意。

【譯文】

《蠱》卦象徵整治積弊：非常亨通，有利於渡過艱難險阻。在整治之前，周密謀劃，改過自新；在整治之中，要補救缺失，反覆叮囑，以及時救治。

【解說】

「隨流易合污，合污必生蠱。」蠱卦旨在撥亂反正，中興基業，要衝破

各種障礙，當然「元亨，利涉大川」。「先甲三日，後甲三日」，事前「自新」開創，盡力防範未然；事後反覆「叮嚀」觀察，及時加以挽救。又從「辛」到「丁」共七日，「七」是易卦爻數的循環週期，也是天道運行的規則。治蠱以甲日為治亂之始，經歷七天終而復始、循環往復的期限而完成。

18.2

《彖》曰：蠱，剛上而柔下〔1〕，巽而止〔2〕，蠱。蠱，「元亨」，而天下治也。「利涉大川」，往有事也。「先甲三日，後甲三日」，終則有始，天行也。

【注釋】

〔1〕剛上而柔下：蠱上卦艮為陽卦，為剛；下卦巽為陰卦，為柔，「巽」在「艮」下，故言「剛上而柔下」。

〔2〕巽而止：下巽為風、為入，上艮為山、為止，故言「巽而止」。

【譯文】

《彖傳》說：除弊治亂，上卦為「艮」剛，為止，下卦為「巽」柔，為順，所以說剛健居於柔順上面，下級巽順而上級停止，這就是蠱卦。除弊治亂「非常亨通」，於是天下大治。「有利於渡過艱難險阻」，這是因為有事要辦。「開始的前三天和後三天」，說明事情終結後又有新的開始，這就是天道的運行法則。

18.3

《象》曰：山下有風，蠱。君子以振民育德〔1〕。

【注釋】

〔1〕振：振奮。育：培育。

【譯文】

《大象傳》說：山下刮來大風，象徵著整治弊端。君子效法此象，因此振奮民心，培育他們的道德。

【解說】

山下面刮來大風，會把草木果實吹得凌亂不堪；同時，山風迴旋導致阻塞不通，形成瘴癘之氣，因此有蠱亂之象。教育工作者從中得到啟示，於是

努力整治班級中的歪風邪氣，以鼓舞班級士氣，培育學生良好的品德。

18.4

初六：幹父之蠱〔1〕，有子，考无咎〔2〕。厲終吉〔3〕。
《象》曰：「幹父之蠱」，意承考也。

【注釋】

〔1〕幹：樹幹，引申為矯正。蠱：弊端。

〔2〕考：指亡父，也指活著的父親。

〔3〕厲：危險。

【譯文】

初六：整治父輩的弊端，由能幹的兒子來繼承，父輩必無災禍。即使遇到危險，最終必獲吉祥。

《小象傳》說：「整治父輩的弊端」，說明其志在繼承父輩的事業。

【解說】

下卦為巽，巽為木，故說「幹」。此外，若「初六」發生爻變，則下卦變為乾卦，乾為父；乾卦剛健有力，而「幹」的繁體字即為「幹」，故有「幹父」之象。蘇軾曰：「蠱之災，非一日之故也，必世而後見，故爻皆以父子言之。」本卦談治蠱以父子為喻。「初六」以陰爻居陽位失正，在「蠱」之初，敗壞還不嚴重，容易挽救；其又位卑力弱，所以重振家業必然困難重重，但只要奮發勤勉，最後終會吉祥。

【智慧點津】此爻揭示整治積弊，需要經過艱苦磨煉。

【案例解讀】大禹十三年完成治水大業。上古時期，黃河泛濫，百姓困苦不堪。堯讓鯀去治理，鯀採用堵截之法，造堤築壩，花了九年時間，仍然沒有把洪水制服。後來，舜接替堯當了部落聯盟首領，他又讓鯀的兒子禹去治水。禹汲取其父的教訓，用開渠排水、疏通河道的辦法，把洪水引到大海中去。大禹帶領民眾長期挖土、挑土，「三過家門而不入」，經過十三年的努力，終於成功消除水患。

18.5

九二：幹母之蠱，不可貞〔1〕。

《象》曰：「幹母之蠱」，得中道也〔2〕。

【注釋】

〔1〕貞：守正道。

〔2〕中道：剛柔適中的中正之道。

【譯文】

九二：整治母輩的弊端，不可以過於固執守正。

《小象傳》說：「整治母輩的弊端」，應該採用剛柔適中的方法。

【解說】

「九二」以陽爻居陰位，處下卦之中，象徵有才幹的兒子。「九二」剛爻與「六五」柔爻相應，象徵母子，因此有治理母親過失之象。面對「六五」母親所產生的蠱事，他如果剛強直率加以解決，就會有傷母子之倫常大義，結果事與願違，一事無成。這時，如果採取剛柔適中的辦法，本著和順的態度，委屈周全加以整治，才是正確的選擇。

【智慧點津】此爻揭示整治積弊，應採取委屈手段，剛柔適中。

【案例解讀】<u>兒子幫媽媽戒「麻癮」</u>。據《北京晨報》2006 年 11 月 25 日報導：延慶縣沈家營鎮的席女士，平時喜歡打麻將，常常因此顧不上給兒子做飯，和兒子搶桌子。為此，兒子小王澤沒有和媽媽硬碰硬，而是與之簽訂了一份母子協議：媽媽每晚必須陪孩子學習半小時以上，自己則「不亂花錢、不許罵人、每天做一件家務」。如今，媽媽已經完全戒掉了「麻癮」，小王澤不僅有飯吃了，每天還會有人接送。自從戒賭成功，母子二人的關係越來越親密，彼此都感到由衷高興。由此可見，「幹母之蠱，不可貞」，否則「失中道也」。

18.6

九三：幹父之蠱，小有悔〔1〕，无大咎〔2〕。

《象》曰：「幹父之蠱」，終无咎也。

【注釋】

〔1〕小：稍微。

〔2〕咎：災禍，過錯。

【譯文】

九三：整治父輩的弊端，即使稍微會產生懊悔，但不會有大的災禍。

《小象傳》說：「整治父輩的弊端」，最終不會有災禍。

【解說】

若「九三」發生爻變，則下卦變為坎卦，坎為加憂，為心病，故有「小有悔」之辭。它以陽爻居陽位，過剛失中，為父親的失敗急躁善後，難免矯枉過正，因而多少會有懊悔。不過，「九三」在下卦「巽」中，有順從的美德，而且當位得正。所以，對父親柔順，動機純正，結果就不會有大的過失。

【智慧點津】此爻揭示整治積弊要拿捏好分寸，不可剛強過度。

【案例解讀】「鐵腕」校長周欽治校。據昭通新聞網 2019 年 6 月 4 日報導：2018 年 7 月彝良縣教育局任命周欽為洛澤河鎮毛坪中學校長。走馬上任，貌坪中學的現狀卻在他的意料之外：垃圾滿校園、蚊蟲滿天飛、學生上課打瞌睡、老師無心上課，學生吸煙、玩手機、談戀愛、打架，有的甚至隨意毆打老師……為刮骨療傷，他從硬件改善著手，改變校園校貌；抓師德師風，倡導教師要敢管、善管；改變學生行為規範，讓尊師重教的風氣重回校園……經過一年的整治，該校教師風貌、學習氛圍都發生了翻天覆地的變化，成為彝良縣鄉鎮學校管理的典範，其他鄉鎮的學校還專門組織人員到校觀摩學習。

18.7

六四：裕父之蠱〔1〕，往見吝。

《象》曰：「裕父之蠱」，往未得也。

【注釋】

〔1〕裕：寬容。

【譯文】

六四：寬容整治父輩的弊端，繼續下去必然會出現憾惜。

《小象傳》說：「寬容整治父輩的弊端」，繼續下去難以達到整治的效果。

【解說】

「六四」以陰爻居陰位，過於柔弱，缺乏陽剛之才，又與「初六」敵應無援，難以肩負重任。如此寬大整頓，長此以往，只會姑息養奸，必然留下遺憾。

【智慧點津】此爻揭示整治積弊，不能過於寬容。

【案例解讀】《伊索寓言・偷東西的小孩與他母親》。這個故事主要講的是：有一個小孩，他在學校偷了一塊寫字石板交給母親。母親不僅沒有罵他，還說他能幹。第二次，他偷回一件大衣交給母親，母親更加誇獎他。時間一天一天過去，小孩長大成小夥子了，膽子也越來越大。他開始去偷更大、更多的東西。有一次，他在偷取國家文物時，被當場抓住，判為死刑。他母親跟在後面，捶胸痛哭。這個故事告訴我們對待子女不能過分溺愛和姑息縱容，否則禍患無窮。

18.8

六五：幹父之蠱，用譽〔1〕。

《象》曰：「幹父用譽」，承以德也。

【注釋】

〔1〕用：得到。

【譯文】

六五：整治父輩的弊端，得到人們的讚譽。

《小象傳》說：「整治父輩的弊端而得到讚譽」，是說兒子以美德來繼承父輩的遺業。

【解說】

下交互卦為兌，兌為口，為說，通「悅」，「六五」在其之上並與其相鄰，故有「用譽」之象。「六五」以陰爻居陽位，柔順處尊居中，下應「九二」剛中之臣，能夠任用賢能共同合理地治蠱。「六五」秉承善德，在繼承優良傳統中革除以往的弊端，從而成就治蠱大業，獲得廣泛的讚譽。

【智慧點津】此爻揭示整治積弊，必須任用賢才。

【案例解讀】<u>盧飛若善治慢班有方略</u>。據《當代廣西》2018 年 11 月 12 日刊載：盧飛若是「廣西教學名師」，廣西師範大學馬克思主義學院兼職碩士研究生導師。1988 年，他到柳州市第二十中學任教，這所中學的前身是農場子弟學校，學生基礎比較差，教學質量在全市比較靠後，別人都不願意當班主任，但他卻主動要求擔任。他細心地為每個學生製作成長記錄本，記錄他們遇到的困惑、取得的進步，還為他們繪製學習成績曲線圖，幫助他們端正學習態度，在他「耐心、愛心、寬容、智慧」的呵護下，這個班的班風逐漸改善，學習氛圍越來越濃，成績越來越好。1999 年，被評為柳州市優秀班集體。

18.9

上九：不事王侯〔1〕，高尚其事〔2〕。

《象》曰：「不事王侯」，志可則也〔3〕。

【注釋】

〔1〕事：從事，侍奉。

〔2〕事：行為，事業。

〔3〕則：準則，這裡指效法。

【譯文】

上九：不為王侯效力，把這種（功成身退）的行為看得很高尚。

《小象傳》說：「不為王侯效力」，這種高潔的志向，可作為人們學習的準則。

【解說】

上卦為艮，艮為手，為停止。第「五」爻為君王之位，第「四」爻為諸侯之位。「上九」處蠱卦之終，意味著治蠱已成。「上九」又為艮卦主爻，與「九三」敵應，身居「六四」「六五」之外，故有「不事王侯」之象。此時他功成身退，超然物外，淡薄名利，不再為王侯做事。如果一如既往，又將陷入名利之爭，產生新的弊端。

【智慧點津】此爻揭示整治積弊完成之後，應功成身退。

【案例解讀】<u>李金初讓賢李希貴</u>。李金初是全國知名校長，北京市建華實驗學校董事長。他是學者型、研究型的管理專家，長期致力於基礎教育的改革與發展研究。在出任北京十一學校校長期間，他把「國有民辦」體制改制的普通中學，變成了全國師資一流、辦學成績享譽京城內外的基礎教育改革名校。在離任之際，他請來了李希貴「掌舵」，讓學校「更上一層樓」，繼續走向輝煌。他以「本人平生無大志，只想辦好一所學校」為人生志向，躬身踐行，「志可則也」。

19. 臨卦第十九——學校管理

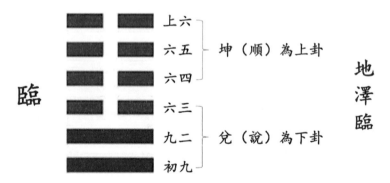

導讀：「管理是一門科學，領導是一門藝術。」作為教育工作者，只有善於管理，才能密切師生關係、促進家校聯繫，提高教育教學質量。

卦體下兌上坤。坤為地，兌為澤，澤上有地，地勢高而澤勢低，呈居高臨下之象。又坤為順，兌為悅，在上者柔順以撫民，在下者和悅地承受，比喻君王親臨天下，治國安邦，上下融洽。「臨」，本義是俯首察看，引申為上對下的監視、統治。本卦闡釋統御民眾之道。

19.1

臨：元亨，利貞。至於八月有凶〔1〕。

【注釋】

〔1〕八月有凶：八月為觀卦，此時陰長陽消。又古曆八月為秋，秋風肅殺，有秋後問斬之說，所以說「八月有凶」。

【譯文】

《臨》卦象徵督導：非常亨通，有利於堅守正道。到了陰盛陽衰的八月會有兇險。

【解說】

「臨」是十二消息卦之一，代表十二月。此時陽氣漸長，二陽始生，陽爻由下向上逼迫陰爻，並逐漸發展壯大，所以說「元亨」。然而，陽氣尚弱，不敵群陰，仍需潛藏守正，才能亨通，所以又說「利貞」。不過，陰陽相互消長，到了八月，又陰盛陽衰，就有兇險，故卦辭說「至於八月有凶」。

19.2

《彖》曰：臨，剛浸而長，說而順〔1〕，剛中而應〔2〕。大「亨」以正，天之道也。「至於八月有凶」，消不久也。

【注釋】

〔1〕說而順：臨卦下卦為兌，為悅（「說」通「悅」）。上卦為坤，為順，故言「說而順」。

〔2〕剛中而應：指「九二」陽爻和「六五」陰爻彼此中正相應。

【譯文】

《彖傳》說：居高臨下監視，陽剛之氣逐漸增長，在下者喜悅侍君，在上者柔順待民，「九二」剛中之臣而與「六五」柔順之君上下應和。非常「亨通」而又行為端正，這是大自然的法則。「到了八月可能會有兇險」，這是因為陽氣漸消，不能長久保持。

19.3

《象》曰：澤上有地，臨。君子以教思無窮〔1〕，容保民無疆〔2〕。

【注釋】

〔1〕教：教導。

〔2〕容：包容。

【譯文】

《大象傳》說：地高澤低，象徵著以上臨下的督導。君子效法此象，不斷教化百姓，同時永無止境地包容保護民眾。

【解說】

大地居於澤之上，地高於澤，澤容於地，有居高臨下之象。「木鐸金聲，滋蘭樹蕙。」教育工作者從中得到啟示，要以高尚的德行、宏大的智慧感染學生，並對他們不斷地教化、包容，永無止境地保護他們。

19.4

初九：咸臨〔1〕，貞吉。

《象》曰：「咸臨，貞吉」，志行正也。

【注釋】

〔1〕咸：通「感」，感化。臨：治理。

【譯文】

初九：以感化之道治理民眾，堅守正道吉祥。

《小象傳》說：「以感化之道治理民眾，堅守正道吉祥」，是因為「初九」意志行為純正。

【解說】

本卦六爻，兩個陽爻在下，四個陰爻在上，陽剛盛長而與群陰相互感應，所以「初九」和「九二」爻辭都有「咸臨」之象。「初九」以陽爻居陽位得正，心志純正，待人不是以威制下，而是以德感其心。它與「六四」陰陽正應，相互真誠感召，這樣就會使自己的志向得以實行，最終獲得吉祥。

【智慧點津】此爻揭示統治民眾貴在人格感化。

【案例解讀】「一件外套」的深情。據湖北省特級教師光哲清在《一件外套》

一文所述：班上有一個叫韜的小男孩，平時比較調皮、任性，經常不完成作業，總愛找理由和老師頂嘴……某個冬天，我在校門口值日，看見他穿衣單薄，便提醒他增添衣物，小心著涼，但他滿不在乎，揚長而去。隨即，我給他的媽媽發了一條短信，告知了此事。後來，我進班正準備上課時，突然打了一個冷顫。當我目光不由自主地落在他的身上，只見他嘴唇發紫，雙手冰涼。於是，我對同學們說：「誰穿的衣服多一些，借一件給他穿吧！」話音未落，大家不約而同地大聲叫著：「我借，我借……」值得一提的是，光老師以此為契機讓大家寫一篇作文，並對小韜同學的習作當場大力表揚，小韜同學感動得熱淚盈眶，並發誓今後一定要改過自新。這真可謂「咸臨，貞吉」。

19.5

九二：咸臨，吉，无不利。

《象》曰：「咸臨，吉，无不利」，未順命也。

【譯文】

九二：以感化之道治理民眾，吉祥，沒有什麼不利。

《小象傳》說：「以感化之道治理民眾，吉祥，沒有什麼不利」，因為這時民眾還沒有順從命令。

【解說】

「九二」剛而得中以人格使「六五」中順之君感動，又上臨上交互卦坤，坤為眾，為順，故言「吉，无不利」。又因為「九二」逼近上方集結的四個陰爻，他們不會心甘情願的服從，所以「九二」要用威嚴峻法使其聽命。

【智慧點津】此爻揭示統治民眾應柔中帶剛。

【案例解讀】於永正：嚴師慈愛。據江西省特級教師汪智星在其新浪博客中所述：他作為已故於老師的弟子，師傅平時和藹可親，但在教書上則是嚴格要求，苛責完美。例如，某次在南昌試教大型競賽課《自己的花是讓別人看的》時，師傅悉心幫自己糾正「是」字為翹舌音，不是平舌音，「讓」字為翹舌音，不是邊音……「嚴是愛，鬆是害」，正因為長期如此，徒弟們茁壯成長，

出類拔萃,「吉,无不利」。

19.6

六三:甘臨〔1〕,无攸利〔2〕。既憂之,无咎〔3〕。

《象》曰:「甘臨」,位不當也。「既憂之」,咎不長也。

【注釋】

〔1〕甘:甜。

〔2〕攸:所。

〔3〕咎:災禍。

【譯文】

六三:用花言巧語統治民眾,沒有什麼好處。如果知道憂懼改過,就沒有災禍。

《小象傳》說:「用花言巧語統治民眾」,說明「六三」居位不當。如果它知道憂懼改過,災禍就不會長久。

【解說】

下卦為兌,兌為口,為悅。「六三」上接坤卦,「坤」為土,其味甘,故有「甘臨」之象。又本卦呈現陽長陰消,以陽逼陰之勢,「六三」是最先要被逼退,但卻沉溺安樂,所以說「无攸利」。「六三」以陰爻居陽位,不中不正,又處「兌」極,因而以甜言蜜語的手段領導民眾,當然不利。不過,再美的謊言都如絢麗的肥皂泡,終究一碰就破,如果「六三」戒慎改過,就可避免過錯。

【智慧點津】此爻揭示統治民眾,不可巧言令色。

【案例解讀】<u>家長承諾別開「空頭支票」</u>。據武漢奧數網 2011 年 7 月 1 日載:有一篇作文的題目是《爸爸、媽媽請遵守您們的諾言》,內容大概是這樣的:有一次,遷遷數學考了 100 分,媽媽答應他去動物園玩,結果沒有兌現。還有一次期末考試,遷遷語文考了 95 分,爸爸答應送給他一輛自行車,結果也因資金緊張而「流產」。「口惠而實不至,怨災及其身」,殊不知此舉既讓孩子

失去了對父親的信任，又導致他們養成了說謊的壞習慣。

19.7

六四：至臨〔1〕，无咎。

《象》曰：「至臨，无咎」，位當也。

【注釋】

〔1〕至：到。

【譯文】

六四：親臨現場治理民眾，沒有災禍。

《小象傳》說：「親臨現場治理民眾，沒有災禍」，說明「六四」居位正當。

【解說】

下交互卦為震，震為動，為足，足動即為行走。「六四」居於上下卦之間，「地」與「澤」的交接處，故說「至臨」。它以陰爻居陰位當位得正，象徵領導者能溫和謙虛地親近群眾，它又與下方的「初九」陰陽正應，所以又能得到賢能的配合，因而沒有災禍。

【智慧點津】此爻揭示統治民眾應親臨第一線，注重調查研究。

【案例解讀】<u>肖盛懷：家訪手記</u>。肖盛懷是湖北省特級教師，現供職於仙桃市楊林尾鎮二中。其在「家訪手記」中這樣記錄：參加工作近30年，迄今家訪超過一千多次，家訪讓他受益匪淺，既瞭解學生在家的學習、生活狀況，又讓家長得知子女在校的學習、思想情況，還讓家校關係更加融洽，工作更加得心應手。同時，家訪獲得的第一手素材，為他的創作提供了鮮活的土壤，寫出的作品更「接地氣」。「家訪工作一舉多得，讓我們永遠在路上，且歌且行……」

19.8

六五：知臨〔1〕，大君之宜，吉。

《象》曰：「大君之宜」，行中之謂也。

【注釋】

〔1〕知：通「智」，智慧。

【譯文】

六五：以智慧統治民眾，偉大的君主應該如此，吉祥。

《小象傳》說：「偉大的君主應該如此」，是說「六五」奉行了中庸之道。

【解說】

若「六五」發生爻變，則上卦變為坎卦，坎為水，水遇到阻礙會主動轉彎，流通自如，故有「智」之象。「六五」以柔爻居尊位，又在中位，與下方的「九二」陰陽相應，可見他既能夠中道而行，又能完全委任下方的賢能，輔佐自己君臨天下，這正是偉大君王最適宜的統治態度，因而吉祥。

【智慧點津】此爻揭示統治民眾，應用智慧任用賢才。

【案例解讀】北京十一學校的 14 種教師激勵方案。據搜狐號「校長派」2020年 3 月 23 日載：李希貴作為北京十一學校聯盟總校校長，他在領導學校的過程中，非常注重組織成員的參與，強調喚醒組織成員的主體性，調動人的潛能和主觀能動性，提煉總結了該校構建一套多元教師激勵方法。如把檢查和評價分開，淡化和慎用評價；運用各種非正式的表揚手段進行激勵；設置多種展示舞臺，如「青年才俊」窗口，讓他們交流經驗，鼓勵不斷刷新自我，追求卓越，爭做師德的表率、育人的模範、教學的專家；讓每位教職工在合適的崗位發揮、展示特長；設置各項獎勵辦法，讓教師充分施展自己的才能；通過媒體和社會活動，把優秀教師推向社會和大眾……實踐證明，這些激勵方案收效顯著，可謂「大君之宜」。

19.9

上六：敦臨〔1〕，吉，无咎。

《象》曰：「敦臨之吉」，志在內也〔2〕。

【注釋】

〔1〕敦：厚。

〔2〕內：指下卦，老百姓。

【譯文】

上六：以厚道來統治民眾，吉祥，沒有災禍。

《小象傳》說：「以厚道來統治民眾是吉祥的」，是因為君主的志向在治理好國內百姓。

【解說】

上卦為坤，坤為地，為厚，故言「敦」。「上六」處於坤卦和臨卦之極，地厚足以承載萬物，是一個仁厚的長者。「上六」又以陰爻居陰位得正，雖和內卦兌澤的「六三」無應，然而能尊賢二陽以取善，心存仁厚以臨民，同時恩澤下方，所以說「志在內也」，吉祥而沒有災禍。

【智慧點津】此爻揭示統治民眾貴在敦厚、善良。

【案例解讀】陶行知「四顆糖」教育王友。陶行知是我國當代著名的教育家，有許多教育學生的感人故事。有一次，學生王友用泥塊砸自己班上的男生，陶行知發現並制止後，叮囑他放學時到校長室去。放學後，陶行知來到校長室，王友早已等著挨訓了。可是陶行知卻笑著掏出一顆糖果送給他，說：「這是獎給你的，因為你按時來到這裡，而我卻遲到了。」王友接過糖果。隨後，陶行知高興地又掏出第二顆糖果放到他手裏，說：「這是獎勵你的，因為我不讓你打人時，你立即住手了，這說明你很尊重我，是一個懂事的孩子。」王友驚訝地看著陶行知。這時，陶行知又掏出第三顆糖果塞到他手裏，說：「我調查過了，你用泥塊砸那些男生，是因為他們欺負女生；你砸他們說明你很正直善良，且有跟壞人作鬥爭的勇氣，應該獎勵你啊！」王友感動極了，他流著眼淚後悔地說：「陶校長，我錯了，我砸的不是壞人，而是自己的同學呀……」陶行知滿意地笑了，他隨即掏出第四顆糖果遞過去，說：「為你正確地認識自己的錯誤，我再獎給你一塊糖果。我的糖發完了，我們的談話結束了，你可以離開了。」

20. 觀卦第二十——觀生察己

導讀：「內行看門道，外行看熱鬧。」作為教育工作者，只有善於觀察，善於反思，教育教學才能有的放矢，左右逢源。

卦體下坤上巽。巽為風，坤為地，風行地上，遍及諸物，有君主巡視邦國，瞭解民情，施行德教之象。「觀」，即「觀」，本義為大眼猛禽瞪大眼睛察看，《說文解字》釋為「審諦察看」。《觀》，卦義為觀察，省視，有展示和瞻仰之意。在上者「九五」以中正之德示人，在下者（四個陰爻）以敬仰瞻上，人心順服歸從。本卦主要闡釋察己觀人的道理。

20.1

觀：盥而不薦〔1〕，有孚顒（yóng）若〔2〕。

【注釋】

〔1〕盥：祭祀時用酒灑地以迎神。薦：草墊子。這裡通「獻」，指進獻、祭獻。

〔2〕孚：誠信。顒若：誠敬的樣子。

【譯文】

《觀》卦象徵觀察：在祭祀時灑酒迎神，還未進獻祭品，就表現出誠敬的樣子。

【解說】

古人祭祀，先灌而後薦。盥禮初始盛美，儀式隆重，即使不獻牲，人們虔誠之貌也已顯露在臉上。本卦以祭祀為比擬，祭祀貴在虔誠，而不在於祭品的豐厚，揭示出觀的本質在由表及裏，透過現象抓住事物的實質。

20.2

《彖》曰：大觀在上，順而巽〔1〕，中正以觀天下，觀。「盥而不薦，有孚顒若」，下觀而化也。觀天之神道，而四時不忒〔3〕。聖人以神道設教，而天下服矣。

【注釋】

〔1〕順而巽：觀卦下卦為坤，為柔順。上卦為巽，為謙遜（「巽」通「遜」），故言「順而巽」。

〔2〕忒：差錯。

【譯文】

《彖辭》說：宏大壯觀者位居上方，他柔順而又謙遜，秉守中正之德遍觀天下，這就是觀卦。「祭祀時，祭者灌酒而不獻牲，但是虔誠而又肅敬」，在下面仰觀的人就會受到教化。觀察大自然神秘的運行法則，可知四季交替毫無差錯。聖人根據這種神妙的規律來施行教化，就能使天下人順服。

20.3

《象》曰：風行地上，觀。先王以省方觀民設教〔1〕。

【注釋】

〔1〕省：巡視。方：邦國。

【譯文】

《大象傳》說：風吹拂在大地上，象徵著觀察。古代君王效法此象，從而巡視邦國，觀察民情，施行教化。

【解說】

風吹拂大地而遍及萬物，有在上者以道義觀天下，在下者以敬仰瞻上之象。「君子之德風，小人之德草，草上之風必偃。」教育工作者從中得到啟示，應當廣泛地觀察學生思想和學習動態，以反思教情、學情，從而教育教學更有的放矢。

20.4

初六：童觀〔1〕，小人无咎〔2〕，君子吝。

《象》曰：初六「童觀」，小人道也。

【注釋】

〔1〕童：孩童，這裡喻指幼稚無知。

〔2〕小人：指普通百姓。

【譯文】

初六：像幼稚的兒童一樣觀察事物，這對無知的普通百姓來說，沒有害處，但對擔任教化重任的君子來說，未免有憾惜。

《小象傳》說：初六「像幼稚的兒童一樣觀察事物」，這是無知百姓的淺見之道。

【解說】

全卦如同一個縮小的艮卦，上交互卦為艮，艮為少男。「初六」為觀卦初始之柔交，柔為小，初亦小，故有「童觀」之象。「童觀」，比喻為孩童見識淺陋。「初六」以陰交居陽位，位卑居下不正，距離「九五」遙遠，因而，鼠目寸光，不能高瞻遠矚。這對普通百姓來說，沒有過失，但對身負教化的人來說，則是遺憾。

【智慧點津】此交揭示觀察應目光長遠，遠見卓識。

【案例解讀】<u>陸步軒賣肉成功逆襲</u>。1985 年，陸步軒以西安市長安區高考文科第一名的成績考入北京大學中文系。畢業以後，他被分配在一家柴油機配件廠工作，沒過多久，由於企業倒閉，他被迫成為一名普通「豬肉佬」。這期間，他遭到許多人的歧視和嘲笑。但他仍一邊心無旁鶩地讀書寫作，一邊全心全意經營自己的豬肉事業。2008 年，他在廣州認識了同為屠夫的校友陳生，兩人一拍即合開辦了中國第一所「屠夫學校」，之後兩人又共同創辦「壹號豬肉」全國連鎖店，年銷售額一度達到 18 億元。如今，他擁有億萬身家，心懷感恩為母校捐款 9 億。陸步軒用他的努力實現了人生的華麗轉身，打破了「讀書無用論」的「童觀」之見。

20.5

六二：窺觀〔1〕，利女貞。

《象》曰：「窺觀，女貞」，亦可醜也。

【注釋】

〔1〕窺：從門縫中向外偷看。

【譯文】

六二：由門縫中偷觀景物，有利於婦女堅持正道。

《小象傳》說：「由門縫中偷觀景物，有利於婦女堅持正道」，但對男子漢來說可就羞醜了。

【解說】

上交互卦為艮，艮為門，「六二」在內卦之中窺視外卦「九五」，故有「女窺觀」之象。「六二」以陰爻居於陰位，柔弱黑暗，見識不廣。它距離「九五」中正之君比較遙遠，因而觀看其光輝，眼花繚亂，看不清楚，好像是由門縫中偷看。這對於不出閨房、自守貞潔的女子來說，還算正常，但對外出辦大事的男子而言，可就羞醜了。

【智慧點津】此爻揭示觀察應視野開闊，縱覽全局。

【案例解讀】北京大學破格錄取偏科生羅家倫。1917 年北京大學入學招生考試，考生羅家倫，數學考了零分，作文卻得了滿分。閱卷老師胡適和校長蔡元培非常賞識他，「破格」把他招進北京大學。後來，羅家倫不但成為「五四運動」的得力幹將，「國立清華大學」的首位校長，還是我國近代著名的教育家、思想家和社會活動家。

20.6

六三：觀我生〔1〕，進退。

《象》曰：「觀我生，進退」，未失道也。

【注釋】

〔1〕生：生活，行為。

【譯文】

六三：觀察審視自我行為，抉擇進取或後退。

《小象傳》說：「觀察審視自我行為，抉擇進取或後退」，這樣做沒有喪失觀察的正道。

【解說】

「生」，更準確地講當指生民，是關注蒼生百姓。上卦為巽，巽為風，風時而前進，時而後退，可引申為進退。「六三」上臨巽卦，故有「進退」之象。又「六三」在下卦的最上方，上卦的最下方，觀察「九五」處於可進可退的位置。因而，它反觀自身的處境，來決定進退取捨，沒有偏離正道。

【智慧點津】此爻揭示觀察應有主見，反省以決定進退。

【案例解讀】<u>於漪：《記一輛紡車》教學反思</u>。「豪歌」在其新浪博客《一位著名特級教師的自我反思》中這樣記載：於漪老師在執教該課時有這樣一個導入情景：「今天學習第十一課《記一輛紡車》。昨天請同學們預習了，說說看，你們喜歡這篇文章嗎？」學生們異口同聲地回答：「我們不——喜——歡——」隨堂聽課的二十幾位老師十分驚訝，於老師也甚感意外，她稍作停頓，笑著說：「不喜歡？那就請你們說說不喜歡的原因吧！誰先說？」針對教學中出現的這一「意外事件」，於漪老師在教後記中這樣反思：「備課時考慮欠周密，原以為學生喜歡散文，想由此激發興趣，引入課文，未考慮到敘事散文和抒情散文的差異。課堂上發生了意外之外的情況，當即因勢利導，先聽取學生的意見，然後強調該篇敘事散文的特點，培養學生學習興趣。對學生實際應作充分的瞭解和估計，不可再犯閉塞眼睛捉麻雀的毛病；要繼續提高駕馭課堂教學的能力，力爭做到運籌帷幄，成竹在胸。」課堂瞬息萬變，各種情況都會發生，一個教師只有善於察言觀色，「觀我生，進退」，才「未失道也」。

20.7

六四：觀國之光〔1〕，利用賓於王〔2〕。

《象》曰：「觀國之光」，尚賓也。

【注釋】

〔1〕國之光：即一國的政德光輝，如政治清明，經濟繁榮等。

〔2〕賓：即「仕」，古代有德行的人，前往朝廷效力，天子以賓客的禮儀招待。

【譯文】

六四：觀察一國的政德光輝，有利於入朝輔佐君王。

《小象傳》說：「觀察一國的政德光輝」，這說明該國崇尚賢明的來賓。

【解說】

下交互卦為坤，坤為國土。上交互卦為艮，艮為光明，故有「觀國之光」之象。又巽為風，為利，四位是賓，五位是王，故說「利用賓於王」。「九五」之君既中且正，德高望重，是一位英明的領導者。「六四」以陰爻居陰位，居中守正，乃是國君身邊的重臣。由於他最接近「九五」之尊，所以可觀看到其光輝的德行，施政的善否。如果君王賢明，他就極力輔佐他，為國效力；反之，則早作打算離開，所謂「邦有道則仕，邦無道則隱」。

【智慧點津】此爻揭示應觀察國情和民情，從政為民分憂。

【案例解讀】周洪宇：「人民代表為人民」。周洪宇是全國人大代表，華中師範大學教授。工作之餘，他長期牢記使命，心繫教育，積極為教育建言獻策。2003年迄今議案建議200多件，被國家有關部門先後採納和認可的約占七成。如「教育懲戒權」已得到落實。正如申紀蘭所言：「人民代表就要代表人民的利益，要是代表自己，就不是人民代表了。」

20.8

九五：觀我生，君子无咎〔1〕。

《象》曰：「觀我生」，觀民也。

【注釋】

〔1〕咎：過錯，禍患。

【譯文】

九五：觀察審視自我行為，君子就不會有災禍。

《小象傳》說：「觀察審視自我行為」，首先要觀察民風民情。

【解說】

「九五」以陽爻居於陽位，既中且正，是觀卦的主爻，象徵著一位賢明之君。他處於群陰之上，能夠統觀全局，體察民情，作為反觀自己的借鑒。「天視自我民視，天聽自我民聽」，百姓民生是施政者的「晴雨表」。「九五」又是民眾反觀的對象，承擔著教化民眾的責任，他只有既外觀體察民情，又內觀反省自我，才能避免災禍，人民就會安居樂業。

【智慧點津】此爻揭示當政者觀己要與觀民相結合，檢討反省。

【案例解讀】<u>習近平在長沙考察調研</u>。據新華網 2020 年 9 月 17 日載：習近平總書記當日來到山河智慧裝備股份有限公司、馬欄山視頻文創園、湖南大學嶽麓書院，考察了當地發展先進製造業和文化產業、加強和創新高校思想政治工作、傳承弘揚優秀歷史文化的情況。「知屋漏者在宇下，知政失者在草野。」黨和國家領導人通過廣泛問計於民，才能更好地科學決策，更好地服務民生。

20.9

上九：觀其生〔1〕，君子无咎。

《象》曰：「觀其生」，志未平也〔2〕。

【注釋】

〔1〕其：指「九五」之君。

〔2〕平：安定。

【譯文】

上九：觀察君主的所作所為，這樣君子才不會有災禍。

《小象傳》說：「觀察君主的所作所為」，說明君子憂國憂民的心志難以安定。

【解說】

若「上九」發生爻變，則上卦成為坎，坎為心志，為憂愁，故有「志未

平」之象。「觀其生」是指「上九」心懷天下，觀天下眾生以自省。「上九」陽爻居剛亢之位，象徵「太上皇」，貴而無位，高而無民。一方面，它親近「九五」之君，常懷君王之憂；另一方面，它又處於民眾的目光注視之下，不可有任何失誤的言行，所以它只有時刻審身察己，心志從不鬆懈，觀察君王及其社會民生，才能確保自身无咎。

【智慧點津】此爻揭示當政者既是監督者，又是被監督者，應時刻戒懼。

【案例解讀】督導組督導「五項管理」。據中國網北京 5 月 21 日訊：5 月 20 日，教育部召開全國中小學「五項管理」落實推進視頻會。會議要求，將中小學生作業、睡眠、手機、讀物、體質等「五項管理」納入縣域義務教育質量評價範圍，納入今年教育督導一號工程，確保有關要求落實到位，為學生身心健康成長提供有力保障。只有把「五項管理」真正落實到位，才能切實增強人民群眾的教育獲得感、幸福感、安全感。這就是「觀其生，君子无咎」。

21. 噬嗑（hé）卦第二十一——依法執教

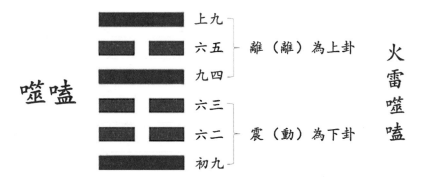

噬嗑

上九
六五
九四 ｝ 離（離）為上卦
六三
六二 ｝ 震（動）為下卦
初九

火雷噬嗑

導讀：「沒有規矩，不成方圓。」作為教育工作者，應禁止從事有償家教，不收受學生及家長禮品、禮金，不體罰或變相體罰學生，努力做一名讓人民滿意的好老師。

卦體下震上離。離為火，為明，震為雷，為動，有威明執法斷獄之象。卦形似口中有物，「九四」如障礙橫互其中，如果口咬之，則嘴巴合攏，一切梗塞消除，變通暢。「噬」，啖，咬吃；「嗑」，話多。「噬嗑」，本義為咬食、說笑，引申為磨合，除去梗塞。本卦闡述公正執法之道。

21.1

　　噬嗑：亨。利用獄〔1〕。

【注釋】

　　〔1〕用：決斷。獄：訟獄，官司。

【譯文】

　　《噬嗑》卦象徵咬合：亨通。有利於審理案件。

【解說】

　　凡事不能通暢，必有阻塞之物。卦中「九四」如小人、社會不良分子，從中作梗，今用刑罰「噬」而「嗑」之，社會就會風清氣正，所以說「噬嗑，亨」。噬嗑之道貴在明威並重，明照則洞察秋毫，威震則莫敢不服。「六五」為治獄之主，它以陰爻居於尊位，且在上卦離體之中，象徵能用中庸之道，威明之德執行刑罰，所以說「利用獄」。

21.2

　　《彖》曰：頤中有物，曰噬嗑。噬嗑而亨，剛柔分〔1〕**，動而明**〔2〕**，雷電合而章**〔3〕**。柔得中而上行，雖不當位**〔4〕**，「利用獄」也。**

【注釋】

　　〔1〕剛柔分：指本卦六爻中有三個陽爻和三個陰爻，他們數目相等。

　　〔2〕動而明：噬嗑卦下卦為震，為動；上卦為離，為明，故言「動而明」。

　　〔3〕雷電合而章：「章」通「彰」，明顯。震為雷，離為火為電，震離合成一卦，故言「雷電合而章」。

　　〔4〕柔得中而上行，雖不當位：「六二」和「六五」都是陰爻且居於上下卦的中位，故說「柔得中」。「六五」本是陰爻，本當在下，卻高居上位，又是以陰爻居於陽位，所以說「上行」「不當位」。

【譯文】

　　《彖傳》說：嘴裏有食物，這就是噬嗑卦。把食物咬碎消化是亨通的，這是因為卦中三個陽爻和三個陰爻剛柔均分，下卦「震」動而上卦「離」明，雷電交加而威明昭顯。「六五」陰爻佔據中位並且向上運行，雖然地位不當，但「有利於審理案件」。

21.3

《象》曰：雷電，噬嗑。先王以明罰敕（chì）法〔1〕。

【注釋】

〔1〕敕：整頓。

【譯文】

《大象傳》說：雷電交加，象徵著咬合。古代帝王效法此象，從而嚴明刑法，整頓法令。

【解說】

離為火，為閃電。電閃雷鳴，雷電交擊，有咬合之象。教育工作者從中得到啟示，面對違反校紀校規的學生，必須嚴明紀律，依規處理。

21.4

初九：屨校（jù jiào）滅趾〔1〕，无咎。

《象》曰：「屨校滅趾」，不行也。

【注釋】

〔1〕屨：鞋，這裡用作動詞，穿上、套上。校：桎梏，這裡指腳鐐。滅：遮住。

【譯文】

初九：腳上套著刑具，遮住了腳趾，沒有災禍。

《小象傳》說：「腳上套著刑具，遮住了腳趾」，說明「初九」不再行惡。

【解說】

下卦為震，震為動，為足，故言「趾」。震又為木，木材可以製作刑具，故言「校」。下交互卦為艮，艮為山，為停止。「初九」處震下，它和「九四」敵應，「九四」位於坎中，坎為陷，故有「屨校滅趾，不行」之象。初、上兩爻以刑具為喻，相當於罪犯；「六二」「六三」「九四」「六五」四個爻則以食肉為喻，類似於執法者。「初九」處卦之初，象徵初觸刑罰，罪刑不大，所以對它只罰帶腳鐐，傷到腳趾。「初九」又以陽爻居陽位，剛躁好動，所以必須對它適當量刑，小懲大誡，止惡於萌，這可說是它的福氣。

【智慧點津】此爻揭示對小罪要適當懲罰，以防患於未然。

【案例解讀】3名中學生半夜偷自行車被民警當場抓獲。據《十堰晚報》2017年3月30日報導：26日凌晨，3名中學生潛入鄖陽區一小區內實施盜竊，被民警當場抓獲，查獲盜竊的兩輛自行車。經查，此次是他們第三次趁周末到鄖陽區盜竊，累計已盜竊6輛自行車。經突審，陳某、崔某、張某3人均係十堰城區一所中學的學生。因3人均係未成年人，民警已讓其家長領回，並責令嚴加管教，被盜竊的6輛自行車，除兩輛被3人丟棄外，其餘4輛均已返還給受害人。

21.5

六二：噬膚滅鼻〔1〕，无咎。

《象》曰：「噬膚滅鼻」，乘剛也。

【注釋】

〔1〕膚：柔軟的肉。滅：浸沒。

【譯文】

六二：咬嚼鬆軟的臘肉，連鼻子也浸沒進去，沒有災禍。

《小象傳》說：「咬嚼鬆軟的臘肉，連鼻子也浸沒進去」，說明「六二」乘凌在「初九」陽剛之上。

【解說】

下爻互卦為艮，艮為膚（一陽在外），為鼻子（如山高聳）。上爻互卦為坎，坎為陷。若「六二」發生爻變，則下卦變為兌卦，兌為口，故有「噬膚滅鼻」之象。「六二」以陰爻居陰位得正，在下卦中位，象徵柔順中正的執法者。他處置罪犯，就像咬柔軟的肉陷鼻那樣深嚴。由於「六二」位居「初九」剛爻之上，犯錯如果不給以相當重的懲罰，將收不到懲誡的效果。不過，「六二」得中，量刑恰當，所以不會有過錯。

【智慧點津】此爻揭示應適當實行嚴刑峻罰。

【案例解讀】滄州一教師收受學生家長禮品、禮金受到嚴肅處理。據《中國青年報》2021 年 8 月 26 日報導：日前，教育部公開曝光了第七批 8 起違反教師職業行為十項準則典型問題，其中滄州一起。目前，8 起典型案例涉事教師都受到嚴肅處理。河北省滄州市華北油田某學校教師曹某某先後收受學生家長海鮮、茶葉、水果等物品及現金 1000 元。曹某某的行為違反了《新時代中小學教師職業行為十項準則》第九項規定。根據《中國共產黨紀律處分條例》《事業單位工作人員處分暫行規定》《中小學教師違反職業道德行為處理辦法（2018 年修訂）》等相關規定，給予曹某某黨內警告處分、行政記過處分。送禮學生家長職業為中學教師，同樣違反了《新時代中小學教師職業行為十項準則》，給予其誠勉談話、批評教育的處理，取消當年評獎評優及職稱評定資格，並在全市範圍內通報。

21.6

六三：噬腊肉〔1〕，遇毒〔2〕。小吝，无咎。
《象》曰：「遇毒」，位不當也。

【注釋】

〔1〕腊肉：用風吹乾堅硬的乾肉。
〔2〕毒：味濃。

【譯文】

六三：像咬堅硬的臘肉，中了毒。小有不適，卻沒有災禍。
《小象傳》說：「中了毒」，這是因為「六三」居位不正當。

【解說】

上交互卦為坎，坎為險陷，引申為毒，故有「遇毒」之象。「六三」以陰爻居陽位，不正不中，象徵執法不能公正，引起罪犯反抗；就像咬堅硬又味濃的乾肉，會有小的挫折。但「六三」向上既承順「九四」，又有「上九」應援，終能咬碎障礙，最後不會有過錯。

【智慧點津】此爻揭示刑罰應堅決排除障礙。

【案例解讀】<u>雲南：家長放任孩子輟學被起訴</u>。據搜狐網 2020 年 1 月 3 日載：最近，在雲南丘北縣，有一起設在校園裏的案件庭審，原告是丘北縣官寨鄉人民政府，而被告是兩位學生家長。政府起訴這兩位家長，原因是他們多次勸返不聽，沒有把適齡孩子送到學校。庭審中，通過法庭調查、舉證質證、法庭辯論等環節，輟學學生的家長對自己沒有履行法律義務，默許放任子女輟學的違法行為有了深刻反省，紛紛表示願意立即送子女返校讀書。

21.7

九四：噬乾胏（zǐ）〔1〕，得金矢〔2〕。利艱貞，吉。

《象》曰：「利艱貞吉」，未光也。

【注釋】

〔1〕胏：有肉的骨頭。

〔2〕金矢：銅箭頭。古代稱銅為金。

【譯文】

九四：咬嚼帶骨頭的乾肉，吃到銅箭頭。有利於在艱難中守正，吉祥。

《小象傳》說：「利於在艱難中守正，吉祥」，但是執法治獄之道尚未發揚光大。

【解說】

上交互卦為坎，坎為艱險，為豕，豕為豬。上卦為離，離為火，為雉，即為野雞，豬肉、野雞經過烘烤後成為乾胏。上交互卦為坎，坎又為弓矢，離又為戈兵，弓上有兵器，即箭頭，故有爻辭諸象。「乾胏」比「臘肉」還要堅硬，這裡暗指罪犯負隅頑抗，案件難辦，在這種困難的狀況下，執法者必須像金屬一般剛強，像箭一般正直，明察秋毫，堅守正道，最後才會吉祥。又由於「九四」以陽爻居陰位，不中不正，所以說，治獄之道不夠光明正大。

【智慧點津】此爻揭示判決重大案件，必須堅持正義，克服阻力。

【案例解讀】<u>五部門打擊校鬧：校鬧正式入刑</u>。「校鬧」是指為達到個人訴求而非法聚集學校鬧事及為達到合理訴求而利用網絡擴大「鬧事」面積發布不

正當言論或散佈影像的「以鬧解決，以擴解決」的非法行為。近年來，「校鬧」事件在各地層出不窮，愈演愈烈，已嚴重侵犯廣大師生合法權益，干擾學校正常教育教學秩序。為此，2019 年 6 月 20 日，教育部等五部門聯合出臺了《關於完善安全事故處理機制維護學校教育教學秩序的意見》。《意見》提到，依法懲處「校鬧」人員，嚴厲打擊故意傷害他人或者故意損毀公共財物；跟蹤、糾纏學校相關負責人，侮辱、恐嚇教職工、學生等八種「校鬧」的犯罪行為。

21.8

六五：噬乾肉，得黃金〔1〕。貞厲〔2〕，无咎。

《象》曰：「貞厲，无咎」，得當也。

【注釋】

〔1〕黃金：黃銅。

〔2〕厲：危險。

【譯文】

六五：咬嚼乾肉，吃到一粒黃銅。堅守正道以防危險，沒有災禍。

《小象傳》說：「堅守正道以防危險，沒有災禍」，說明「六五」的行為得當。

【解說】

若「六五」發生爻變，則上卦變為乾卦，乾為金，為剛健，故有「噬乾肉，得黃金」之象。「黃」在五色之中是中央之色，代表中央，象徵中庸。「金」象徵剛強，「黃金」象徵剛中之德。「六五」是治獄之主，居於君位，它以陰爻居陽位，雖然失正，但它柔順又守中，面對大案要案，若發揚剛中之德，謹慎用刑，就不會發生過錯。

【智慧點津】此爻揭示刑罰必須剛柔並濟，禮刑齊用，公正決斷。

【案例解讀】湖南一高校一次性清退 22 名掛科生、40 名留級。據《人民日報》2018 年 10 月 12 日報導：10 月 9 日，記者從湖南環境生物職業技術學院

獲悉，為全面從嚴治校，狠抓「校風、學風、教風」，該校黨委經研究決定，對2017～2018學年經補考後學業成績未達到要求的22名學生予以退學處理，另外40名學生留級。此舉「噬乾肉，貞厲」，壯士斷腕，無疑給那些「高中學業緊張，大學學習愜意」、得過且過的大學生敲響了警鐘。

21.9

上九：何校滅耳〔1〕，凶。

《象》曰：「何校滅耳」，聰不明也〔2〕。

【注釋】

〔1〕何：通「荷」，負荷，扛。滅：遮住。

〔2〕聰：聽覺敏銳。

【譯文】

上九：肩扛著枷鎖，遮住了耳朵，有兇險。

《小象傳》說：「肩扛著枷鎖，遮住了耳朵」，說明「上九」積惡不改，不聽忠告而獲罪。

【解說】

上交互卦為坎，坎為險陷，引申為枷鎖、耳朵，它在「上九」之下，故有「何校滅耳」之象。「上九」居於本卦之極，是重罪受刑者，它以陽爻居陰位失正，已達到刑罰的極限，罪大惡極，必然自取滅亡。

【智慧點津】此爻揭示犯罪到了極點，終將滅亡。

【案例解讀】美國校園槍擊案。據奇象網2020年7月2日載：2018年2月14日下午2點左右，佛羅里達州帕克蘭布高中發生一起校園槍擊案件。執法當局指出，19歲的槍手尼古拉斯·克魯茲（Nikolas Cruz）曾經由於「紀律原因」被這所學校開除過，情人節當日他戴著防毒面具，在校內開槍掃射，在他遭警方逮捕前，已殺害17人。「惡積而不可掩，罪大而不可解」，等待他的必將是法律的嚴懲。